农林经济管理系列教材

Research Methodology of Agricultural Economics

# 农业经济学研究方法论

## （第二版）

吴方卫　康姣姣　著

上海财经大学出版社
SHANGHAI UNIVERSITY OF FINANCE & ECONOMICS PRESS

**图书在版编目(CIP)数据**

农业经济学研究方法论 / 吴方卫,康姣姣著.
2 版. -- 上海: 上海财经大学出版社, 2025. 1.
(农林经济管理系列教材). -- ISBN 978-7-5642-4567-2

I.F30-3

中国国家版本馆 CIP 数据核字第 20241K9M88 号

□ 责任编辑：施春杰
□ 封面设计：贺加贝

**农业经济学研究方法论**(第二版)

著　作　者：吴方卫　康姣姣

出版发行：上海财经大学出版社有限公司

地　　　址：上海市中山北一路 369 号(邮编 200083)

网　　　址：http://www.sufep.com

经　　　销：全国新华书店

印刷装订：上海新文印刷厂有限公司

开　　　本：787mm×1092mm　1/16

印　　　张：11.25

字　　　数：214 千字

版　　　次：2025 年 1 月第 2 版

印　　　次：2025 年 1 月第 1 次印刷

定　　　价：48.00 元

# 第二版序言

舒尔茨说过:"如果我们懂得穷人的经济学,我们也就懂得了许多真正重要的经济原理。如果我们懂得农业经济学,我们也就懂得许多穷人的经济学。"要真正懂得农业经济学,除了学习理论之外,还要对农业、农村、农民问题进行深入的研究,了解"三农"、解析"三农"、服务"三农",才能做到学以致用。"工欲善其事,必先利其器。"要成为一名合格的农业经济学的研究者,除了必须具备较扎实的经济学基础理论和方法、农业基础知识与农村社会知识以外,还需要有比较全面的方法论训练,只有这样才能使我们的研究具备科学性、规范性、条理性和可操作性。

经济研究者研究经济现象,就是问"为什么"并解释经济现象发生、发展、变化的原因,特别是这些原因背后人的行为,通过对人的行为的原因和动机的分析来解释经济现象的本质。我们所观察到的经济现象都是表象,要解释为什么会呈现这样的表象、是什么引致了表象的发生、表象的发展有何种规律,都需要我们依据和应用经济学理论来加以分析。然而,要客观、准确与合理地分析和解释经济现象,不仅需要掌握科学的分析研究方法,更重要的是同时要掌握一套组织、计划、设计和实施经济研究的基本原则或程序,这就是为什么我们要学习研究方法论的原因。

好的经济研究者就像一个优秀的说书人,能够把对于经济现象发生、发展、变化的分析像讲故事那样娓娓道来,这就需要经济研究者能够在纷繁复杂的经济现象中敏锐地提炼出科学的问题,围绕研究的主题构建合理的分析框架,依据现象变化的逻辑过程抽丝剥茧地将事物的本质呈现在人们的面前,最后找到解决问题的正确办法和对策。将经济学的相关原理和知识进行归纳、整合并有效地运用到对现实经济现象的分析中,需要经过长期的训练和研究实践,而研究方法论方面的训练则是必不可少的内容。因为方法论会指导我们如何科学地进行思维活动,并在内化的思维活动中形成新的认识格局。

在研究生培养和教学过程中,笔者发现不少同学缺乏基本的研究方法论训练,特别是缺乏应用经济学方法论的课程与训练,以至于严重影响了研究和论文写作的质量,这也反映出培养过程中课程设置的一些缺憾。鉴于这种情况,大约在 20 年前笔者为博、硕士研究生开设了"应用经济学研究方法论"课程,使用唐 埃思里奇的《应用经济学研究方法论》作为教材,虽然这是我所见到的一本比较好的教科书,但在教学过程中,还是感觉在实用性上略有欠缺,应该多传授一些研究和写作中具体的过程、格式和规范方面的内容给学生,以便于他们能够尽快地应用到研究中。基于教学需要和作者所在的农业经济学专业获得了上海市学位点引导布局与建设培育项目"农林经济管理一级学科博士点培育"的资助,故在 2014 年专门为农业经济学的研究生撰写了《农业经济学研究方法论》一书,该书的写作也就比较偏向实用化,而没有过多地对研究方法论理论以及哲学方面加以讨论。

经过 10 年的教学实践并根据学生的反馈,我们增加了研究项目申请书撰写和常用数量分析方法与模型两章并更新了全书的相关内容。由于学识所限,本书中一定存在不少问题和缺陷,在内容深度上、结构安排上和语言表达上存在不当之处自不待言,当然文责自负,恳请大家不吝赐教

感谢上海财经大学 2024 年"双一流专项"教材计划的资助与支持,这是本书第二版得以出版的前提,也是我们努力将学科点建设提高的动力。

作者

2024 年 11 月 16 日

# 目　录

第一章　导论 / 001

第二章　农业经济学研究与方法论 / 003

第一节　农业与农业经济学研究 / 003

第二节　农业经济研究过程 / 008

第三节　农业经济学研究的特点 / 012

建议阅读的文献 / 013

第三章　研究方法论的概念及其哲学基础 / 014

第一节　研究方法与研究方法论 / 014

第二节　知识及其获取的途径 / 028

第三节　方法论的哲学基础 / 031

建议阅读的文献 / 036

第四章　研究设计 / 037

第一节　研究过程 / 037

第二节　研究项目建议书 / 038

第三节　研究的问题及其假设 / 043

建议阅读的文献 / 045

**第五章 文献综述** / 046

第一节 文献综述的目的与意义 / 046

第二节 文献搜集过程 / 047

第三节 文献综述的写作 / 054

第四节 资料来源的标注 / 055

建议阅读的文献 / 058


**第六章 研究方法** / 059

第一节 描述性方法 / 059

第二节 经济行为模型 / 060

第三节 统计与计量经济模型 / 062

第四节 运筹学方法 / 066

建议阅读的文献 / 067


**第七章 实地调查与数据处理** / 068

第一节 常用实地调查方法 / 068

第二节 实地调查的步骤 / 069

第三节 调查问卷设计 / 070

第四节 调查数据处理 / 072

建议阅读的文献 / 074


**第八章 研究项目申请书撰写** / 075

第一节 高校学生科研项目申报与设计 / 075

第二节 国家自然科学基金项目介绍 / 077

第三节 国家社会科学基金项目介绍 / 082

第四节 省部级项目介绍 / 087

第五节 其他项目介绍 / 090

建议阅读的文献 / 091

**第九章　常用数量分析方法与模型** / 093

第一节　回归方法 / 093

第二节　随机实验与自然实验 / 098

第三节　全要素生产率的测定 / 106

第四节　模拟与预测 / 112

建议阅读的文献 / 120


**第十章　论文写作与修辞** / 122

第一节　论文的结构 / 122

第二节　经济研究论文的主要形式 / 125

第三节　修辞 / 129

建议阅读的文献 / 130


**第十一章　学术伦理** / 131

第一节　学术伦理概述 / 131

第二节　贡献确定与署名规则 / 136

建议阅读的文献 / 137


**第十二章　研究项目建议书范例** / 138

一、项目名称 / 138

二、立项依据与研究内容 / 138

三、拟采取的研究方案及可行性分析 / 148

四、本项目的特色与创新之处 / 153

五、年度研究计划及预期研究结果 / 154

六、研究基础与工作条件 / 155

七、经费申请说明 / 158

八、其他附件清单 / 158

附录　中华人民共和国国家标准 UDC001.81　GB7713－87 科学技术报告、学位
　　论文和学术论文的编写格式 / 159

**参考文献** / 170

# 第一章

## 导　论

农业是人类最古老的产业,也是迄今为止人类最基本的物质生产部门,人类所需的生活资料及其原料大多来源于农业,农业所提供的淀粉、蛋白质、脂肪、糖类和纤维等是人类生存、繁衍和发展的必要条件。在国家形成之后,农业始终是国民经济的重要组成部分,是国民经济的基础产业。

农业是利用动植物的生长繁殖来获得产品的物质生产部门,其生产对象是有生命的动物、植物和微生物等有机体,所以农业是一个复杂的生态和经济系统,农业生产呈现自然再生产和经济再生产紧密交织的特征。因此,与农业相关的经济问题就显得更为复杂。

与农业一样,农业经济学也是最古老的学科之一,农业经济思想可以追溯到远古时代。在中国夏商周时期,农业经济思想就大量散见于各种典籍之中,如《周礼》中对于增加农业人口、扩大耕地面积、增加六畜数量以及如何提高农业生产力的记载不胜枚举,还把这些作为"以考群吏、以诏废置"的根据;春秋时代的诸子百家如儒家、法家、农家及《管子》等都阐述了各自的农业经济思想,如井田土地制度设计、农业与手工业分工、重农思想、并耕论等。[①] 中国古代的农业经济思想,在宏观方面主要强调富国安民,必须"以农为本,重农抑商"和减轻农民的租税负担;在微观方面主要强调发展农业生产必须善于利用天时、地利,改良农业技术,并精心管理。阐述这些思想的代表著作有成书于战国末期的《管子》和《吕氏春秋》以及后魏时期的《齐民要术》等。西方的农业经济思想也开始得很早,公元前 2 世纪古罗马时期加图的著作《农业志》就是一本论述奴隶制大庄园经济的著作,他在书中总结了经营奴隶制庄园的许多经验;公元 1 世纪科路美拉的著作《论农业》中也包含了丰富的农业经济思想。

农业经济学作为一门学科,直至 19 世纪末才出现,由厂商理论、市场营销和组织理论等构成。美国俄亥俄州立大学首先于 1899 年开设"农村经济学"课程,最初

---

① 赵晓雷.中国经济思想史[M].大连:东北财经大学出版社,2007:7—54.

的研究主要集中于农场管理,然后逐步扩展到农场经营理论与实务、农产品价格与运销以及土地经济和农村经济等。在整个 20 世纪,农业经济学作为一般经济学的实证分支得到了极大的发展,数理统计、计量经济方法在农业经济学中被大量实证应用。20 世纪 60 年代之后,贫穷国家的发展问题、发达国家的农业贸易和宏观经济政策的影响,以及各种生产、消费、环境和资源经济学问题等都在农业经济学研究中获得了广泛的开展。[①]

与其他应用经济学学科一样,农业经济学由核心基础理论与应用研究组成,农业经济学的核心基础理论是经济学的基本原理与方法,而应用研究则广泛涉及农业、农村和农民问题的各个领域,并由此分化出不同的专业方向和学科分支,共同构成了一个严谨的系统。同时,农业经济学也日益受到其他关联学科理论与方法的影响,使得农业经济研究对于现实问题的解释能力得到了极大的提升。

经济学研究就是为经济现象寻求一种解释,而要科学地、理性地和贴切地解释现实农业经济现象,则离不开科学的观察、科学的方法和科学的方法论,农业经济学的研究同样追求公理化的分析、模型化的归纳与演绎以及结构化的表达。农业在人类社会生产中的重要地位毋庸置疑,这使得农业经济学及其研究的科学化显得极为重要,因此,掌握科学的研究方法论,对每一个农业经济研究者来说,意味着可以更敏锐地捕捉到农业经济中的问题,更完美地解释经济现象,更贴近现实地分析并给出解决问题的路径。

研究方法论是一种处理问题或从事研究活动的科学方式,是科学、正确地解释经济现象的一套思维框架或思维体系。在农业经济学研究中,掌握和谙熟研究方法论尤为重要。唐·埃思里奇在其《应用经济学研究方法论》一书中就曾指出:"就经济学研究方法论这一专题来说,我发现有关科学、研究、'科学的方法'以及相关主题的许多著作一直是农业经济学中一个特定的专题领域并且(或)出于农业经济学家之手……农业经济学在形成一系列基本观点方面发挥了重要作用,正是这些观点构成了经济学专业中的研究方法论基础。这一看法的理由是:农业经济学似乎是'应用'经济学的集中体现。当我们使用农业经济学的资料时,我们就会发现它是与应用经济学同义的。"[②]

---

① Ford Runge,"Agricultural Economics: A Brief Intellectual History", University of Minnesota Working Paper WP06-1, June 2006, p. 2.

② 唐·埃思里奇. 应用经济学研究方法论[M]. 朱刚,译. 北京:科学出版社,1998:13.

# 第二章

## 农业经济学研究与方法论

### 第一节　农业与农业经济学研究

**一、农业**

**(一)农业的概念**

农业是一个培育动植物以取得产品的社会生产部门,一般包括植物栽培业和动物饲养业。狭义的农业是指种植业,或仅指农作物栽培,包括粮食作物、经济作物、饲料作物和绿肥等农作物。广义的农业包括种植业、林业(指造林、营林)、畜牧业、副业和渔业(指水产养殖)。

农业是一个复杂的生态和经济系统,可以采用不同的分类标志来加以分类。例如:根据劳动对象的生物学性质,可以分为种植业和养殖业;根据生产类型和学科属性相结合的分类原则,可以分为以粮棉油为主的大田作物生产,以果树、蔬菜和花卉为主的园艺业,以猪牛羊禽为主的畜牧业,以及以捕捞和养殖为主的渔业。现代意义上的农业则涵盖面更大,还包括为农业提供生产资料的农业前部门和农产品加工、储藏、运输、销售等农业后部门,事实上,现代农业已经形成了一条"从田头到餐桌"的食品农产品产业链。

**(二)农业生产的特点**

农业以有生命的动植物为主要劳动对象,以具有肥力为特征的土地为基本生产资料,它的根本特点是经济再生产和自然再生产交织在一起。因此,农业生产受自然条件影响大,人工控制难,生产周期长,生产时间与劳动时间差别大,生产具有强烈的季节性和地域性,农产品大多易腐、运输储藏不便、单位价值较低。[①]

季节性和周期性是农业生产特别是种植业生产的显著特征,由于作物的生长、

---

① 经济大辞典(农业经济卷)[M].上海:上海辞书出版社,1983:1.

发育、成熟取决于热量、水分、光照等自然因素的作用,而这些自然因素随季节的变化而变化,并且有确定的周期,所以农业生产的一切活动都与季节有关,种植业从播种到收获需要按季节顺序安排,不然产量和效率就会急剧下降,乃至颗粒无收,所以孟子说:"不违农时,谷不可胜食也。"同样,捕鱼、造林、畜牧等也有季节性和周期性。

农业生产有着明显的地域性特征,因为不同生物的生长发育有着不同的规律,各自适应不同的自然环境,因此农业生产就表现出极为明显的地域性,例如柑橘生长于亚热带,苹果生长于暖温带,甘蔗生长于热带、亚热带,甜菜则生长于凉爽的中温带。低纬度地区的热量条件通常优于高纬度地区,纬度低则适于作物生长的时间就长,可以有高的复种指数;高纬度地区无霜期短、热量不足,适于作物生长的时间就短,复种指数就不可能高。不同的作物需要不同的水分条件,过干和过湿都不利于生长,年降雨量少于250毫米的干旱地区,如果没有灌溉水源,一般不能发展农业。所以,一般而言,农业发达的地区主要分布在热量条件和降水条件配合较好的热带和温带地区。

### (三)农业的地位与作用

农业是人类的衣食之源、生存之本。迄今为止,人类所需的生活资料及其原料大多来源于农业,农业所提供的淀粉、蛋白质、脂肪、糖类和纤维等,是人类生存、繁衍和发展的必要条件,我们仍将长期依赖农业生产来维持自身的生存和发展。所以,如果农业不能充分提供粮食和必需的食品,那么人类社会经济的发展就失去了基础。

农业是人类社会生产活动的起点,是人类社会最古老、最基本的物质生产部门,在国家形成之后,农业始终是国民经济的重要组成部分,是国民经济的基础产业。农业伴随着人类从农业文明走向现代文明。进入工业化时期以后,尽管农业产出的价值份额在国民经济中不断下降,但丝毫没有影响到农业在国民经济及其发展中的重要作用。农业为其他产业部门提供了原料、劳动力、资本和土地,同时,农村又为这些部门的产品提供了广大的市场,不断为国民经济注入发展动力。

## 二、农业经济学研究及其分类

农业经济学研究是指运用经济学的理论、概念、方法,以农业部门为研究对象,分析研究其产生、存续和发展过程中的经济学问题,也就是运用经济学的概念、理论、方法对现实农业经济现象及其趋势作出判断、解析、测度和展望。从一般意义上分类,农业经济学研究可以分为基础研究和应用研究两大类,而应用研究还可以进一步分为专题研究和对策研究(又称决策咨询研究)两类。基础研究是指为提高农业经济学学科水平的研究,着重研究农业经济学的理论、基本关系以及研究分析的程序、方法和技术。专题研究是指对某一或某一类实际问题进行的专门研究,专题研究通常是对农业经济发展过程中所面临的实际问题的研究,以便为决策者提供全面深入的背景分析、经济关系分析、趋势分析和政策路径分析,使决策者能够科学地对他们所面临的实际问题作出决策。因此,专题研究具有很强的实际意义和政策含义,体现了农业经济学在现实问题中的直接应用。对策研究(决策咨询研究)是指为决策者对于解决特定问题的决策或行动进行对策分析、应对策略或建议的研究。对策研究通常是为决策者提供解决问题的意见,供决策者参考或采纳,因此对策研究的过程并不包括执行阶段,虽然研究者不参与决策,但对决策活动有重要的影响。

从研究本身的性质而言,农业经济学的研究可以分成描述性研究和分析性研究两类。描述性研究是指对农业经济现象的确定、描述和识别过程,通常是对农业经济现象总体的特征、性质或功能的刻画,如描述经济现象的有关特征,估算不同群体在总体中的地位、作用和比例,确定变量间的关系和关联程度,根据对经济现象的把握作出某种程度的判断和预测,等等。描述性研究通常是将知识、现象或信息集合在一起来解释经济现象可能的逻辑联系,而不是将信息分解开来研究农业经济现象为什么产生、如何产生以及经济行为内在的确定性因果关系。描述性研究的典型做法是先收集信息、资料和数据,然后将它们整合在一起来对某一农业经济现象作出刻画和描述,例如对一个国家或地区农业经济形势进行回顾与展望的研究、对农村剩余劳动力转移意愿的研究、对农村居民购买决策行为的统计研究等。分析性研究则是依据经济学的原理与方法,从分析经济主体的行为出发,研究农业经济现象为什么产生、如何产生以及经济行为内在的确定性因果关系。

农业经济学研究有狭义与广义之分。狭义的农业经济学研究是指以农业这一产业部门为研究对象,研究这一产业在要素配置、生产组织、增长发展、制度安排以及产品贸易、支持与补贴、农业生态环境等方面的经济问题。广义的农业经济学研究就是我们通常所说的"三农"问题研究,即研究农业、农村、农民问题,这一研究的涉及面更为广泛,不仅有经济学的研究,也涉及管理学以及社会学的内容,所研究的问题也更为复杂和综合。在长期的发展过程中,农业经济学逐步形成相对独立的分支学科,如农业生产经济学、农业技术经济学、农业生态经济学、农村产业经济学、农村区域经济学、土地经济学以及更为具体的畜牧经济学、水产经济学、林业经济学和农业企业经营管理、农村合作经济等。农业经济学的研究也与农业经济学科的发展一样,逐步细分和深入,形成了不同的专门研究领域。

(一)农业生产经济学研究

主要研究领域为农业生产中的资源利用、生产部门配合和经营规模等问题,包括:分析研究农业生产中资源分配和生产部门配合的原理与方法;研究资源利用方式及其经济性问题,为生产与投资提供决策依据;研究影响资源利用的外界条件,为制定技术经济政策提供建议和论证。研究通常涉及:生产要素投入—产出关系分析;最佳投入—产出关系分析的原理与方法;生产要素有效配置;最优产品组合问题;时间因素对生产过程与投资决策的影响;规模经济与适度规模经营问题;在风险与不确定情况下的生产与投资决策;等等。

### (二)农业技术经济学研究

主要研究农业部门或区域的农业技术经济问题,包括宏观和微观两大层面。宏观层面有农业技术改造的经济效益与可行性问题;农业技术进步对农业经济发展的速度、比例、效果、结构的影响问题;农业技术进步贡献率的度量及其测度方法问题;农业生产要素、资源、技术的有效配置和合理转移问题;先进农业技术引进的可行性研究与后评估问题;农业技术政策的论证;等等。微观方面涉及农业生产过程中的各种技术经济问题,如作物种植制度、栽培技术、动物饲养技术等的经济评价;具体农业技术项目选择问题;农业再生产过程中生产、流通、消费等不同领域的技术经济问题;等等。

### (三)农业生态经济学研究

主要研究农业生态经济系统与农业和国民经济的关系及其相互影响。宏观领域通常涉及如农业生态经济发展战略;农业生态系统、技术系统和经济系统协调发展;农业产业发展与农业生态平衡以及市场、制度与政策对农业生态平衡的影响;农业生态系统的物质流、能量流与经济产出之间的相互转化及其价值增值关系;与农业生态经济相关的政策研究等问题。微观领域通常涉及如农业生态经济区域划分与农业生产合理布局;生态效益、经济效益和社会效益综合评估;生态农业模式推广的经济与政策;区域农业生态环境治理的经济与政策;农业生态环境综合经济评价的方法与实务等问题。

### (四)畜牧经济学研究

随着农业的发展,畜牧业从附属于种植业的地位转变为一个独立的生产部门,畜牧业经济研究的内容也趋向于广泛、深入,有成为独立学科的趋势。主要研究包括:畜牧业对食物安全、经济增长、产业结构、就业、资源利用、生态平衡等的影响与作用;畜牧业生产的投入—产出问题;畜牧业资源开发和利用的经济问题;畜产品市场、流通及贸易问题;畜牧业资源合理有效配置问题;畜牧业结构布局与优化问题;畜牧业产业链的分工与专业化问题;畜牧业与种植业的协调与结合问题;畜牧业生态经济问题;畜牧业的组织及制度问题;饲料经济问题;畜牧场管理问题;饲养方式和饲养方案的评价与选择问题;畜牧业现代化;等等。

### (五)水产经济学研究

相对于种植业和畜牧业而言,水产业有自己特有的生产方式,即由养殖和捕捞两大部分组成,所以水产经济学研究的领域主要包括:水产资源的合理利用与管理问题;渔业生产布局与渔业区划问题;远洋渔业经济合作问题;水产品流通与国际贸易问题;水产业技术进步与技术改造问题;水产业生产的分工、专业化与协作问题;水产品供应链管理问题;水产业体制改革与制度安排问题;促进水产业发展的政策问题;等等。

### (六)林业经济学研究

林业经济学的研究涵盖林业生产的各个部分,包括:森林资源的经济性开发和利用问题;林业产品的定价与贸易问题;森林生态、林业生产的外部性与生态补偿问题;林业及林产品产业链与一体化问题;林业财政金融问题;林业生产结构和布局调整问题;林业生产的合理组织问题;林业产权制度问题;林业生产单位的组织经营形式及林业经济管理体制问题;林下经济和林特产品的生产、加工、营销问题;林业发展战略问题以及涉及林业的财政、信贷及金融问题;等等。

### (七)农村合作经济学研究

农村合作经济学研究的主要领域包括:农村合作行为研究;农村合作的制度与组织问题及其演化规律与影响因素的研究;农村合作经济的分配问题;合作经济与农业增长问题;农村合作经济与公共物品问题;农村分工、专业化与合作问题;农村合作经济的公平与效率问题;等等。

### (八)农村产业经济学研究

主要研究农村产业结构、产业组织、产业发展、产业布局和产业政策等。包括:农村产业结构的演变规律问题;农村产业结构优化问题;农村产业结构规划和产业结构调整问题;农村各相关产业的关联影响以及产业波及效果问题;农村产业布局问题以及有关产业发展、组织、结构改善、布局和产业技术等政策问题。

### (九)农村区域经济学研究

主要研究农村经济活动的地理分布和空间组织规律,包括:不同区域农村经济发展变化的规律问题;农村生产力的空间分布及发展问题;农村的区际差异和联系问题;农村人口增长与区际流动问题;城乡区域联合与区际利益的协调问题;发挥区域优势提高农村区域整体经济水平问题;农村区域发展战略和经济规划;等等。

### (十)土地经济学研究

主要研究农业土地资源利用、土地财产制度、土地资产流转等方面的问题,包括:土地资源利用的规划与计划、土地集约利用、土地规模经济及土地可持续利用等;土地资产流转和土地收益分配问题;土地财产制度问题;土地法规问题;等等。

# 第二节 农业经济研究过程

## 一、研究的定义

研究是人类探索未知外部事物的一种活动,是人类获得可靠知识的一种系统方法。唐·埃思里奇在其《应用经济学研究方法论》一书中对研究作了比较全面、准确而简明的定义。他的定义如下。

研究是获取新的可靠知识的系统方法。

首先,研究并不局限于诸如实验室方法或文献查找等某种活动类型;其次,研究是系统的、有规则的;最后,研究的目的是获得新的知识(尚未被人所认识),且这个知识必须是可靠的(可根据推理或证据向他人证明)。

在描述研究时,指出"研究不是什么"和"研究是什么"将有助于对问题的理解。

A. 研究不是偶然发现。尽管新知识可能产生于偶然发现,并且偶然发现可能发生在有组织的研究过程中。当偶然发现发生时,它常常以一种以前还未被人注意的现象形式出现。这样一个发现或观察结果可能引致一个证实或理解这一结果的有组织的研究过程,这个过程转过来又可能引致对新的可靠知识的认识。

B. 研究不是数据搜集。尽管搜集数据常常是研究的一个组成部分。在经济学家看来,数据本身不会构成"可靠知识"。数据是形成认识的中间环节,它表现着各种力量、要素或变量之间的相互关系。

C. 研究不是在图书馆查找已出版的研究成果。尽管这是研究过程中的一个重要组成部分。文献查找是经济研究的一个重要的早期阶段,但研究并不就此停止在这一阶段。即使文献查找的目的在于对前人的研究进行评价,但这种研究过程也常常包括综合和分析。

将研究仅仅看成是对文献进行评价的这种大众观点给人以误导,因为仅仅这个过程本身是不会产生新知识的。要想仅从前人的研究成果中产生新知识,就至少要对前人的研究成果进行综合。

但是:

A. 研究是寻求解释。即对事件、现象、关系和原因作出解释。一些研究主要是估计或确定相对简单的关系(如两个变量)——当另一个变量变化时会发生什么情况。此外,我们常常希望知道它是如何发生的或为什么发生。另一些研究则涉及更为复杂的关系,这些研究通常涉及的是那些较为简单关系之间的相互作用。两种研究都很重要,我们在进行更为复杂关系的研究之前必须掌握较为简单的关系。

B. 研究是一个过程。研究也是有计划、有管理的,只有在细致的组织下,研究所产生的知识才是可靠的。作为一个过程,研究也常常是相互影响的,脱离了前人的研究成果或其他研究者和合作者的激励,研究就无法进行。研究过程也是一个创造过程,从一种观点看,我们在创造新的知识;从另一种观点看,每一项研究活动(项目)在某些方面都具有独特性。研究也是循环的,它常常引致更多需要研究的问题。

研究不仅发生在私人部门,而且发生在公共部门,在出版的研究成果中更多的是由大学和政府部门的研究人员完成的。在大学和政府部门,研究程序、成果和结论的广泛扩散被认为是他们工作的一个重要部分。同样,许多厂商、产业组织和咨询公司也从事研究活动。①

## 二、研究过程

毛泽东曾指出:"概念的形成过程,判断的形成过程,推理的过程,就是调查和研究的过程,就是思维的过程。"②研究是一个过程,这个过程起始于发现和提出问题,这是研究的逻辑起点,也是研究过程的第一步。研究应从现象出发,通过对现象的分析和研究,了解事物的本质。问题的发现或提出可能来源于"三农"发展现实中所呈现的具体现象,也可能来源于对现有理论和政策的反思,或是受各种委托人的委托,如政府部门、产业部门、研究部门、公众或其他研究者。

研究过程的第二步是搜寻与该问题有关的背景资料、研究、讨论以及结论,对所要研究的问题作出比较充分的概括,包括前人对该问题的研究思路、理论、方法、难点以及可以进一步拓展和深入研究的地方。

研究过程的第三步是确定研究的目标,即研究需要解决什么样的问题。研究目标有时会受到委托方的影响或指定,特别是在一些对策研究中,委托方通常会指定研究的大致目标。

研究过程的第四步是对研究作出系统的研究设计,拟定研究的逻辑框架和主体内容,确定研究需要运用的相关经济理论和方法以及经济数学模型,设计观察和获取经验事实的途径与方法,如数据采集、调查和实验等。精细和正确的研究设计是达到研究目标的先决条件,"从一个给定的研究活动中得出的结果,其可靠性依赖于研究设计的有效性,而绝不是研究结果本身"。③

研究过程的第五步是研究的实施并产生结果。当一个清晰完整的研究设计完成后,研究的实施就成为一个程式化过程,包括广泛搜集研究所需的经验事实数

---

① 唐·埃思里奇. 应用经济学研究方法论[M]. 朱刚,译. 北京:经济科学出版社,1998:17—20.
② 毛泽东新闻工作文选[M]. 新华出版社,1983:206.
③ 唐·埃思里奇. 应用经济学研究方法论[M]. 朱刚,译. 北京:经济科学出版社,1998:13.

据;采用逻辑思维方法如归纳与演绎、分类与比较、分析与综合、抽象与概括等,对所研究的现象及其内在因素的相互关系作出本质性的概括;根据研究设计中拟定的方法与模型进行试算并选择出最合适的方法与模型,采用计量经济学方法得出参数估计的结果。

研究过程的第六步是对研究结果的分析与解释,分析研究结果的经济意义以及对现实现象的解释程度、得出解决问题的建设性意见。初级研究者往往对研究结果的分析和解释缺乏足够的重视,这也与目前经济学研究存在"轻思想、重技术"的现象和趋势有关,不少经济学研究与论文缺乏对经济理论的阐释和创新,只是片面强调技术的复杂性,以使用更加复杂的模型重复阐释已经被论证过的问题或论证浅显的经济学常识问题为主要追求。有的论文一味追求数学模型的大型化,或者直接照搬国外数理模型,而忽略了所面对的现实问题和中国国情,这大大降低了经济学论文解释现实的能力,导致经济学论文的结论和政策建议脱离实际,对实践缺乏指导意义,甚至误导实践,影响了经济学研究与论文解释经济现象、解决经济问题和指导实践发展等功能的发挥。[①]

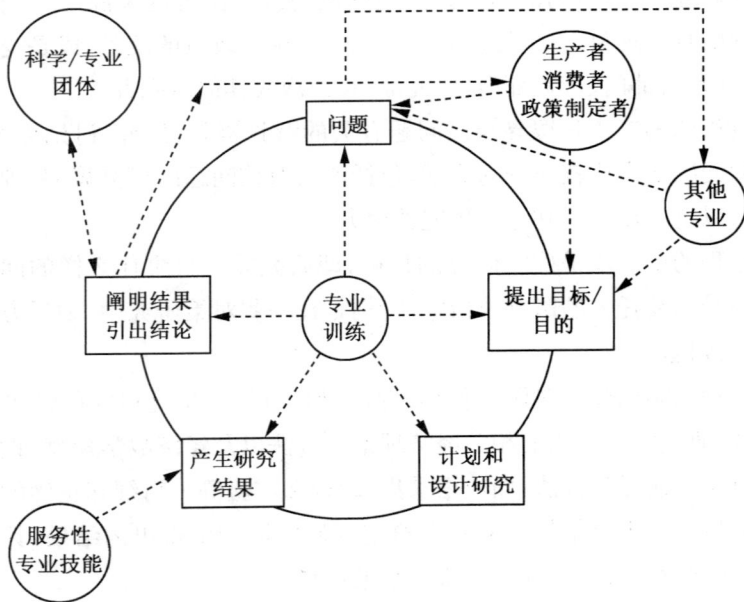

图 2—1　研究过程

资料来源:唐·埃思里奇.应用经济学研究方法论[M].朱刚,译.北京:经济科学出版社,1998:30.

① 刘阳,李政.经济学研究"轻思想重技术"倾向须扭转——"经济学论文的思想性与技术性的关系"学术研讨会综述[N].光明日报,2013－09－04.

研究过程的最后一步是成果的传播与发表。成果传播的途径包括通过专业学术杂志、学术研讨会、学术报告会以及研究报告等形式在学科内的传播，也可以通过报纸的学术版、电视台和电台专题节目向社会公众传播，还可以通过内部研究报告、政策研究报告或决策咨询报告等在政府相关部门或企业层面传播。

### 三、创造性研究

毫无疑问，研究是一项创造性工作，是一项探索未知、解决尚未得到解决的问题的探索性活动。因此，在农业经济学的研究过程中，不但需要有很强的专业敏感性，而且需要有想象力和创造性思维。数学在经济学中某种程度的滥用使得一些初级研究者天真地认为只要懂得协整、回归等数学方法就可以研究经济问题了，假如经济学研究只是简单地使用回归得出现象之间的相关关系，那么经济学就既不可能成为一门科学，也不可能被世人所接受。

好的研究需要有创造性思维，也就是需要研究者能够组织和改造先前获得的知识，使之适合当前需要解决的问题并解决问题的思维活动，能够在前人研究的基础上产生新的见解、新的发现、新的突破，在研究活动中体现思维活动的求实性、批判性、连贯性、综合性、跨越性。英国心理学家华莱士认为创造过程由准备阶段、酝酿阶段、明朗阶段和验证阶段四个阶段组成。[1] 准备阶段是搜集信息、整理资料、做前期准备的阶段，通过这一阶段来对问题形成新的认识，为创造性研究活动打下基础。酝酿阶段是对所搜集的信息、资料进行消化和吸收，并在此基础上找出问题的关键点，以便考虑解决这个问题的各种路径。明朗阶段是解决问题方案形成的阶段，也是创造性研究的核心阶段，经过前两个阶段的准备和酝酿，形成独立的、系统连贯的思维，创造性地提出新的思想、观点和方法。验证阶段又称实施阶段，主要是对前三个阶段形成的方法、策略进行检验，以求得到更合理的方案，再通过不断的实践检验，得出最恰当的创造性思维的过程。

心理学家认为创造力是一种可以通过学习得到的获得性能力，由知识、智力、能力及个性品质等综合组成，在专业领域中，创造力通常来自把专业知识应用到研究问题中所遭遇的挑战或者瓶颈而产生的智力激励并产生出新的思想、观点和方法。在应用经济学的研究中，运用创造力，即运用经济学概念与理论解决问题的创造力显得非常重要。

---

[1]　Graham Wallas (1926). *The Act of Thought*，Harcourt，Brace & Company，New York.

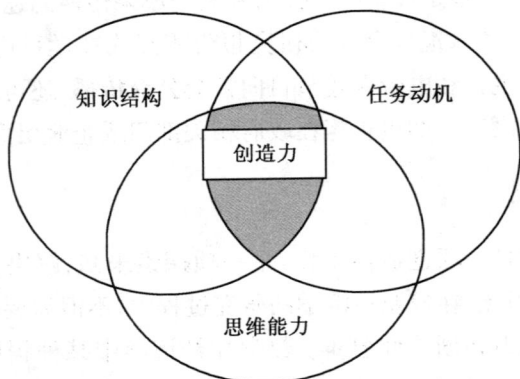

图 2—2  创造力三要素

# 第三节  农业经济学研究的特点

农业作为国民经济的一个部门,其对经济问题的研究本应限于该产业部门,但在我国,农业经济学的研究涉及面要广泛得多,需要涵盖"三农"即农业、农民和农村问题的研究,因此,多学科综合在农业经济学研究中显得格外重要。

## 一、研究需要结合农业的自然特征

农业生产最本质的特征是经济再生产与自然再生产相互交织,具有社会性和生物性双重特点,农业生产因自然条件、地域、季节以及生产方式不同有很大的差异,动植物生产的生产时间与劳动时间也不一致,因此,农业经济学研究应充分考虑自然再生产的特点,农业经济研究者也必须具备比较全面的农业生产知识。

## 二、研究需要准确把握农民的性质

农民的本质特征是同时具有消费者和生产者的双重身份,在农民家庭内部,存在消费与生产的交互影响,因此,在研究农民的生产决策行为过程中,就需要考虑农民决策行为中的消费问题。而农业的基本生产单位是家庭,所以研究以农民为对象的相关农业经济问题时,就需要以农户作为分析单位。以农户为单位的农产品生产还带有自给性和商品性的双重特点,在研究农业产出问题时,就需要考虑自给性问题。

### 三、研究需要把握农产品的性质

农产品同样具有双重性，既是消费资料，又是生产资料。农产品既可以作为人类的基本生活资料用于消费或作为工业原料，也可能是下一个农业再生产的物质条件，如种子、种苗、种禽、种畜等。

### 四、研究农村需要多学科综合

农村是以从事农业生产为主的农业人口居住的地区，有着特定的自然景观和社会经济条件，是具有一定自然、社会经济特征和职能的地区综合体。目前，我国农村产业结构已发生巨大的变化，农村的分工分业也有了很大的发展，农村已经不仅是从事农业生产和农民聚居的地方，而且是一个经济活动的空间，农村中除农业外，还包括工业、交通运输业、建筑业、商业、服务业等物质生产和非物质生产部门的经济活动。同时，农村不仅是一个综合的经济实体，也是一个社会，即不仅包括经济，还包括经济以外的政治、文教、风俗等所有活动。因此，在进行农村问题的经济学研究时，往往还需要结合社会学、政治学、组织学等学科的理论与方法，这样才能真正地解决好农村所面临的实际问题。

## 建议阅读的文献

1. 乔瓦尼·费德里科. 养活世界——农业经济史[M]. 何秀荣，译. 北京：中国农业大学出版社，2011.

2. 弗兰克·艾利思. 农民经济学[M]. 胡景北，译. 上海：上海人民出版社，2006.

3. 罗伯特·D. 史蒂文斯，凯瑟·L. 杰勃勒. 农业发展原理——经济理论和实证[M]. 叶长生等，译. 南京：东南大学出版社，1992.

# 第三章

## 研究方法论的概念及其哲学基础

### 第一节　研究方法与研究方法论

#### 一、研究方法

方法一般是指为达到某种目的而采取的手段与行为方式,在经济学研究中,研究方法则是指为了完成一个既定研究目标所使用的具体技术、工具或程序。

#### (一)抽象分析方法

抽象分析方法就是将研究对象的本质属性抽取出来加以研究的分析方法。"事实是不能解释事实的,以理论来解释事实的出发点,一定要有抽象的存在。"①相对于自然科学而言,经济学的研究对象更为错综复杂,而且经济现象通常与社会现象交织在一起,像自然科学那样运用实验的方法来重复或者再造经济现象几乎没有可能,只有通过适当的科学抽象,从纷繁复杂的经济因素中排除那些非本质性的影响因素,抽取出最本质的经济关系加以分析,经济学的研究才能有效地揭示经济现象背后的本质属性和原因。

经济学中最著名的抽象就是"经济人假定",经济人假定是对经济生活中一般人的抽象,只适用于处在社会分工体系中从事商品生产和商品交换的人,而不是经济生活中所有的人。经济人假定起源于亚当·斯密,亚当·斯密把自利性作为人性的一般规定引入经济分析,并将其视为经济活动的原始动力,认为人们从自己的需要和利益出发参与社会分工和商品生产,在价值规律的指导下,在追求自己利益的同时,并非出于本意地促进了社会的公共利益。交换是人区别于动物的最大特点,交换的动力来自自利,交换的结果则是经济秩序的形成,并由此引致社会财富的增加。市场则是将自利动力与经济秩序乃至"社会利益"联系起来的纽带,人以

---

① 张五常. 经济学方法论[J]. 社会科学战线,2002(4):208.

利己之心为动力,通过竞争来调节供求,使之达到均衡,自利的本能在基于理性的基础上形成社会秩序,这样一个非常复杂的非理性世界就被简化为一个简单的理性分析框架,打通了由经济动力走向经济秩序的推理链条。

目前充斥在经济学研究中的经济数学模型分析就是抽象分析方法的具体应用,成为对经验进行抽象的有效工具,它以一定的函数关系为基本形式,把复杂具体的经济问题转化成直观和抽象的数学模型来加以分析。例如,常用的生产函数就是对产出与投入之间依存关系的数学抽象,通过这种抽象,我们就有了一个研究投入—产出一般规律的分析工具,来对生产的边际递减规律、替代规律、均衡条件、厂商决策等进行抽象的分析与说明。就两种变动要素的生产函数而言,在现实经济中,产出与要素之间不可能连续可微,运用统计或调查数据通过计量经济方法模拟出的实际生产函数也与生产函数的经典定义有一定的差异。

**(二)归纳和演绎分析方法**

归纳和演绎都是经济学研究中广泛运用的逻辑思维方法,所涉及的是个别与一般的关系,属于事物与概念之间的外部关系。归纳是从个别到一般的推理形式,即从许多个别事实中概括出一般原理;而演绎则是从一般到个别的推理形式,即用已知的一般原理考察某一特殊的对象,推演出有关这个对象的结论。

归纳和演绎这两种方法既互相区别又互相联系。一方面,归纳是演绎的基础,没有归纳就没有演绎;另一方面,演绎是归纳的前导,没有演绎也就没有归纳。归纳结束的地方通常是演绎的起点,演绎的一般知识来源于经验归纳的结果。归纳和演绎互为条件、互相渗透,并在一定条件下互相转化,归纳后随之进行演绎,可以将归纳出的认识成果扩大和加深;演绎后随之进行归纳,用对实证现象的归纳来验证和丰富演绎出的结论。

1. 归纳

在实践中,人们总是同一个个具体的事物打交道,从认识个别事物开始,从个别中概括出一般,首先获得这些个别事物的知识,然后在这些特殊性知识的基础上,概括出同类事物的普遍性知识。所谓归纳,就是指对具体的经验事实进行研究,从许多个别的事实中概括出一般性概念、原则或结论的思维方法。例如,新增长理论就是通过对经验事实的充分研究,概括出技术进步是经济增长的内生因素,经济增长不是外部力量(外生技术变化),而是经济体系的内部力量(内生技术变化)作用的产物,这一内部力量就是知识、人力资本等人类出于自身利益而进行投资的产物这一观点。运用归纳分析最早的代表人物是亚当·斯密,通过对不同时期和不同地域的历史资料进行详尽的归纳,亚当·斯密得出了劳动分工的一般原理,马尔萨斯的"人口论"也来源于归纳。

归纳法有很多形式,一般分为完全归纳法和不完全归纳法。归纳由推理的前提和结论两部分构成。推理的前提是若干已知的个别事实,是特殊的判断、陈述;结论是从前提中通过推理而获得的猜想,是普遍性的陈述、判断,其思维模式是:

设 $M_i(i=1,2,\cdots,n)$ 为所要研究对象 $M$ 的特例或子集,若 $M_i(i=1,2,\cdots,n)$ 具有性质 $P$,则由此猜想 $M$ 也可能具有性质 $P$。

如果 $M_i=M$,称为完全归纳,由于它包含了被研究对象的一切特例,因而结论是正确可靠的。完全归纳法可以作为论证的方法。

如果 $M_i$ 是 $M$ 的真子集,即 $M_i$ 集合中的元素全部是 $M$ 集合中的元素,但不相等,则称为不完全归纳法。由于不完全归纳法没有穷尽全部被研究的对象,得出的结论只能算猜想,结论的正确与否有待进一步证明或举反例。

归纳主义主张理论应来自对经验事实中的规律性特征的观察和归纳,但从经验事实中归纳出来的理论尽管保持了与经验事实的一致性,却不一定能够保证其对未来的预测保持一致性,特别是很多政策往往基于对经验事实的归纳,而政策的实施又改变了事物之间的固有关系,就难以保证它对未来起作用。

在经济学研究中,归纳通常是指对具体的经济现象(经验事实)进行研究,从中形成理念并用于理论假说的过程,这一过程可用图 3-1 概括。[①]

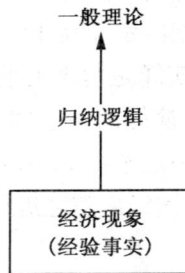

图 3-1 归纳

2. 演绎

所谓演绎,即从一般性的前提出发,通过推导即"演绎",得出具体陈述或个别结论的过程。演绎是从普遍性的理论知识出发,去认识个别的、特殊的现象的一种逻辑方法。演绎推理包括三段论、假言推理、选言推理、关系推理等。

在经济学研究中,演绎的过程就是研究者从一般经济学理论出发,提出具体假设,然后通过逻辑推理,最后得出结论。如果单个的前提假设是合理的、完整的,推理过程也是正确的,那么结论也必然是正确的(见图 3-2)。我们所学习的经济学基本原理很多都运用演绎方法,例如消费者行为理论就是从"经济人"假设出发,衍

① 谢拉·C.道.经济学方法论[M].杨培雷,译.上海:上海财经大学出版社,2005:90.

生出效用的命题,然后形成无差异曲线,最后导出向下倾斜的需求曲线,推断出"需求定律"。

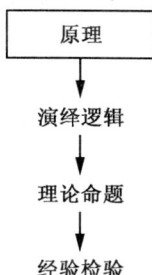

图3—2　演绎

(1)三段论

三段论是演绎推理中的一种简单判断推理,包括两个含有一个共同项的性质判断作前提,得出一个新的性质判断为结论的演绎推理。三段论是演绎推理的一般模式,包含三个部分:大前提——已知的一般原理;小前提——所研究的特殊情况;结论——根据一般原理,对特殊情况作出判断。

在三段论中,含有大项的前提称为大前提,含有小项的前提称为小前提,一个正确的三段论有且仅有三个词项,其中联系大小前提的词项称为中项($M$);出现在大前提中,又在结论中作谓项的词项称为大项($P$);出现在小前提中,又在结论中作主项的词项称为小项($S$)。三段论推理就是根据两个前提所表明的中项$M$与大项$P$和小项$S$之间的关系,通过中项$M$的媒介作用,从而推导出确定小项$S$与大项$P$之间关系的结论。

三段论形式如下:

大前提:所有$M$是$P$

小前提:所有$S$是$M$

结论:所有$S$是$P$

例如:

所有动物($M$)都会死($P$),所有人($S$)都是动物($M$),所以,所有人($S$)都会死($P$)。

(2)假言推理

假言推理是以假言判断为前提的推理,分为充分条件假言推理、必要条件假言推理和充要条件假言推理三种。

①充分条件假言推理。充分条件假言推理是根据充分条件假言命题进行的推理。充分条件假言推理有两条规则:

规则1:肯定前件,就要肯定后件;否定前件,不能否定后件。

规则2:否定后件,就要否定前件;肯定后件,不能肯定前件。

根据规则,充分条件假言推理有两个正确的形式:

A. 肯定前件式

如果 p,那么 q

是 p

_____

所以,q

B. 否定后件式

如果 p,那么 q

非 q

_____

所以,非 p

例如:

(ⅰ)只有肥料足,菜才长得好;这块地的菜长得好,所以,这块地肥料足。

(ⅱ)育种时,只有达到一定的温度,种子才能发芽;这次育种没有达到一定的温度,所以,种子没有发芽。

例(ⅰ)和例(ⅱ)都是充分条件假言推理,前者是肯定前件式,后者是否定后件式。

②必要条件假言推理。必要条件假言推理是根据必要条件假言命题进行的推理。必要条件假言推理有两条规则:

规则1:否定前件,就要否定后件;肯定前件,不能肯定后件。

规则2:肯定后件,就要肯定前件;否定后件,不能否定前件。

根据规则,必要条件假言推理有两个正确的形式:

A. 否定前件式

只有 p,才 q

非 p

_____

所以,非 q

B. 肯定后件式

只有 p,才 q

是 q

_____

所以,p

例如：

（ⅰ）只有年满18岁，才有选举权；小周不到18岁，所以，小周没有选举权。

（ⅱ）只有选用优良品种，小麦才能丰收；小麦丰收了，所以，这块麦田选用了优良品种。

例（ⅰ）和例（ⅱ）都是必要条件假言推理，前者是否定前件式，后者是肯定后件式。

③充要条件假言推理。充要条件假言推理是根据充要条件假言命题进行的推理。充要条件假言推理有两条规则：

规则1：肯定前件，就要肯定后件；肯定后件，就要肯定前件。

规则2：否定前件，就要否定后件；否定后件，就要否定前件。

根据规则，充要条件假言推理有四个正确的形式：

A. 肯定前件式

p当且仅当q

是p

─────────────

所以，q

B. 肯定后件式

p当且仅当q

是q

─────────────

所以，p

C. 否定前件式

p当且仅当q

非p

─────────────

所以，非q

D. 否定后件式

p当且仅当q

非q

─────────────

所以，非p

例如：

（ⅰ）当且仅当一个数能被2整除，这个数则是偶数；6可以被2整除，所以，6是偶数。

（ⅱ）当且仅当一个数能被2整除，这个数则是偶数；6是偶数，所以，6可以被2

整除。

（ⅲ）当且仅当一个数能被 2 整除，这个数则是偶数；7 不能被 2 整除，所以，7 不是偶数。

（ⅳ）当且仅当一个数能被 2 整除，这个数则是偶数；7 不是偶数，所以，7 不能被 2 整除。

例（ⅰ）～例（ⅳ）分别是充分必要条件假言推理正确的推理式。

（3）选言推理

选言推理是以选言判断为前提的推理，分为相容选言推理和不相容选言推理两种。

①相容选言推理。相容选言推理是以相容选言命题为前提，根据相容选言命题所进行的推理。相容选言推理有两条规则：

规则 1：否定一部分选言支，就要肯定另一部分选言支。

规则 2：肯定一部分选言支，不能否定另一部分选言支。

根据规则，相容选言推理只有一个正确的形式，即否定肯定式：

p 或者 q

非 p

─────────────

所以，q

或者：

p 或者 q

非 q

─────────────

所以，p

例如：商品的滞销或是因为价格过高，或是因为质量低劣，这一商品并非价格过高，所以这一商品的滞销是因为质量低劣。

②不相容选言推理。不相容选言推理就是以不相容选言命题为前提，根据不相容选言命题所进行的推理。不相容选言推理有两条规则：

规则 1：否定一部分选言支，就要肯定另一部分选言支。

规则 2：肯定一部分选言支，就要否定另一部分选言支。

根据规则，不相容选言推理有两个正确的形式：

A. 否定肯定式

要么 p，要么 q

非 p

─────────────

所以,q

B.肯定否定式

要么 p,要么 q

是 p

_____

所以,非 q

例如:

（ⅰ）要么小李得冠军,要么小王得冠军;小李没有得冠军,所以,小王得冠军。

（ⅱ）要么去桂林旅游,要么去海南旅游;去桂林旅游,所以,就不去海南旅游。

例（ⅰ）是不相容选言推理的否定肯定式;例（ⅱ）是不相容选言推理的肯定否定式。

（4）关系推理

关系推理是前提至少有一个是关系判断,并按其关系的逻辑性质而进行的演绎推理。前提和结论都是关系命题判断的推理称为纯粹关系推理;前提除关系命题外还有一个性质命题的推理称为混合关系推理。

例如:

以下是几种常见的纯粹关系推理:

（ⅰ）对称性关系推理,如 1 米＝100 厘米,所以 100 厘米＝1 米;

（ⅱ）反对称性关系推理,如 a 大于 b,所以 b 不大于 a;

（ⅲ）传递性关系推理,如 a 大于 b,b 大于 c,所以 a 大于 c;

（ⅳ）反传递性关系推理,如 a 比 b 大两岁,b 比 c 大两岁,所以 a 不比 c 大两岁。

以下是混合关系推理:

所有爱好和平的国家都与其他国家友好相处,中国是爱好和平的国家,所以中国与其他国家友好相处。

在经济学中,许多重要的理论都是将归纳和演绎结合起来,一方面通过对经济条件的具体观察,概括各种关系之间的变化规律,形成对经济趋势的预测;另一方面通过提出假设,理论演绎并运用观察资料检验假设。一个典型的例子是,菲利普斯为了找到通货膨胀的理论基础,对工资变化率与失业率之间的统计关系进行了估计,提出了低失业率引致的工资推动的通货膨胀假设,并建立了体现通货膨胀与失业之间替代关系的菲利普斯曲线。

**（三）系统分析方法**

系统分析方法是指把研究和处理对象作为一个系统即整体来对待,对系统各要素进行综合分析,找出解决问题的可行方案的方法。系统是由相互联系、相互作用的要素（部分）组成的具有一定结构和功能的有机整体,系统论将世界看作是系统与系统的集合,世界的纷繁复杂源于系统的复杂性,研究世界的任何部分,就是研究相应的系统与环境的关系。简单来说就是对事物全面思考,不就事论事,把想要达到的结果、实现该结果的过程、过程优化以及对未来的影响等一系列问题作为一个整体进行研究,把整体作为出发点和归宿,通过对系统要素的分析这个中间环节,再回到系统综合的出发点。系统论的基本思想、基本理论及特点,反映了现代科学整体化和综合化的发展趋势,为解决现代社会中政治、经济、科学、文化和军事等各种复杂问题提供了方法论基础。

系统分析方法包括系统特征分析、系统逻辑分析和系统工程。

系统特征分析是指对系统所具备的特殊性质进行分析,以揭示系统的规定性的方法,包括分析系统的整体性、结构性、层次性、因果性、模块性、发展性、独立性以及开放性等特征。系统逻辑分析是指对系统的实质内容进行逻辑的分析,以揭示系统的逻辑结构,包括分析系统的目标和约束、系统的输入与输出及其转换关系、系统的投入产出关系以及调整与优化路径等。系统工程是指按一定目的对系统进行设计、开发、管理与控制,以期达到最优总体效果的目标。

系统分析方法的具体步骤包括限定问题、确定目标、调查研究收集数据、提出备选方案和评价标准、备选方案评估和提出最可行方案。首先是要明确问题的本质或特性、问题存在范围和影响程度、问题产生的时间和环境、问题的症状和原因等;其次是要确定解决问题的目标;第三是要围绕问题进行调查研究和收集数据;第四是要通过研究,有针对性地提出解决问题的若干备选方案;第五是要对解决问题备选方案进行综合评估,根据评估结果,确定最可行方案;最后是根据经济社会实际,筛选出最现实可行的方案。

**(四)比较分析方法**

比较分析方法是按照一定的指标体系对经济现象进行比较,以分析经济现象的本质、特征和规律的方法。比较分析的通常做法是将事物相互关联的指标数据进行两两比较,从数量上展示和判断所研究的对象在诸如规模、水平、速度以及其他各种关系之间的差异和特点。通常,比较分析方法分纵向比较和横向比较。纵向比较是对不同时期的同一经济现象进行比较,主要用于分析经济现象发展变化的轨迹;横向比较是对同时期两种或两种以上的经济现象进行比较,用于揭示事物的异同。

可比性原则是比较分析必须遵循的基本原则,如果不对数据进行适当的可比性处理,经过比较得出的结论就会失真。可比性原则通常是指在经济现象的对比过程中,需要比较对象之间具备比较指标在内涵和外延可比、时间范围可比、计算方法可比、总体性质可比,这样才能真实地展现经济现象之间的差异。例如,现在的一些科研部门和高校仅采用论文发表数量来评价科研人员的研究成果,而不考虑所发表论文的质量和科研人员所在科研领域的特点等其他因素,这样虽然可操作性很强,但其结果却不尽如人意。

比较分析的另一个关键是选择合适的对比标准。标准选择合适,就能作出客观、正确的结论;反之,则可能得出错误、失真的分析。通常选择对比的标准有时间标准、空间标准、计划标准、实证或理论标准等。

时间标准是指选择不同时间的指标数值作为对比标准,最常用的是"定基比""同比"和"环比"。"定基比"是指报告期水平与某一固定时期水平之比,以展示某一现象在较长时期内总的变化。"同比"一般是指本期水平与上年同期水平对比,以说明某一现象的相对变化。"环比"则一般是指报告期水平与前一时期水平之比,表明某一现象逐期变化情况。

空间标准是指选择不同空间的指标数值作为对比标准,一般有相似空间比较、先进空间比较、扩大空间比较等。相似空间比较是指规模或条件相似之间事物的对比,如本区域与某些条件相似的区域比较;先进空间比较是指与先进区域之间的对比,如本国或本地区与发达国家或地区比较;扩大空间比较是指与规模扩大的区域的比较,如本区域水平与全国平均水平比较。

计划标准是指将计划数、定额数、目标数作为对比标准,以分析研究对象与期望水平之间的契合程度。实证或理论标准是指将经验实证或已知理论作为比较标准对经济现象进行比较。

根据问题分析的需要,比较分析通常会以绝对数比较和相对数比较两种形式进行。绝对数比较是采用绝对数进行对比来分析差异的一种方法。相对数比较则通过比较相对数来分析经济现象之间的数量关系。根据研究目的和对比基础不同,相对数可以分为结构相对数、比例相对数、比较相对数、强度相对数、计划完成程度相对数和动态相对数等。结构相对数是局部数值占总体全部数值的比重,用以说明现象的性质、结构或质量,如恩格尔系数、产品合格率等。比例相对数是对比总体内不同部分的数值,表明总体内各部分的比例关系,如性别比例、消费与积累比例等。比较相对数是将同一时期两个性质相同的指标数值对比,说明同类现象在不同空间条件下的数量对比关系,如地区差价、不同行业人力资本水平等。强度相对数对比两个性质不同但有一定联系的总量指标,用以分析现象的强度、密度和普遍程度,如人均 GDP、人口密度、人口出生率等。计划完成程度相对数是某一时期实际完成数与计划数对比,用以说明计划完成程度。动态相对数是对比一现象在不同时期的指标数值,用以说明发展方向和变化的速度,如发展速度、增长速度等。

### (五)因素分析法

因素分析法是分析某一经济现象总变动中各个因素影响程度的一种统计分析

方法,属于多元统计分析的一个分支,这种方法能够使研究者把一系列反映经济现象性质、状态、特点等的变量简化为少数几个能够反映出事物内在联系的、固有的、决定事物本质特征的因素。因素分析法既可以综合分析各因素对某一经济现象的影响,又可以单独分析某一因素对经济现象的影响,因此被广泛应用在经济研究之中。

因素分析法又称指数因素分析法,它通过利用统计指数体系来分析总体经济现象变动中各个因素的影响程度,通常有连环替代法、差额分析法、指标分解法、定基替代法等。运用这一系列具体方法就可以对经济现象所表现出的外部特征和内在联系作出由表及里、由此及彼、去粗取精、去伪存真的处理,从而得出经济现象的本质性运行特征。

(1)连环替代法,是将分析指标分解为各个可以计量的因素,并根据各个因素之间的依存关系,顺次用各因素的比较值(通常为实际值)替代基准值(通常为标准值或计划值),据以测定各因素对分析指标的影响。

(2)差额分析法,是连环替代法的一种简化形式,是利用各个因素的比较值与基准值之间的差额来计算各因素对分析指标的影响。

(3)指标分解法,是将某个因素的指标拆分成若干个子指标,再对每一个子指标进行研究的方法。指标分解法一般有总分法和渐进法两种。总分法直接把核心指标拆分成若干个子指标,这些子指标组合起来就可得到核心指标,如资产利润率,可分解为资产周转率和销售利润率的乘积。渐进法是按照指标之间的逻辑递进关系,逐次获得各项子指标,最后得出核心指标。

(4)定基替代法,一般用于测定比较差异成因,该方法采取用标准值(历史的、行业的或预算的标准)替代实际值的方式,以测定各因素对某一经济现象的影响。最典型的范例便是标准成本的差异分析,即将其分成价格差异和数量差异两部分,价格差异计算的是价格脱离标准对成本差异的影响,而数量差异计算的是数量脱离标准对成本差异的影响,是分别计算各因素(价格、数量)对成本差异的影响。

因素分析法通常包括四个步骤:①确定分析对象,利用比较分析法将分析对象与选择的标准进行比较,确定差异数;②确定分析对象的影响因素;③确定分析对象与影响因素之间的数量关系,建立函数关系式;④按一定的顺序依次代入各影响因素,确定各因素对分析对象的影响程度。

**(六)经济数学模型**

经济模型是对经济现实的一种简单化再现[①],经济数学模型就是用数学表达式来描述实际经济活动系统的结构及其变量间的相互关系,将数量关系与变化过程

---

① D. 格林沃尔德. 经济学百科全书[M]. 李滔,译. 北京:中国社会科学出版社,1992:388.

用数学模型的方式加以固定,它是现代经济分析中的重要工具。总体而言,经济数学模型可分为经济行为分析模型、数据分析模型和实验仿真模型三大类。经济行为分析模型就是从经济理论出发,基于一定的假定条件,对经济现象进行恰如其分的简化、抽象,通过严密的逻辑推理,揭示经济现象发展变化的规律。经济行为分析模型一般不直接处理实际经济数据,而是着重于符合经济理论下的逻辑推导过程,如果假设正确、推导严密,就可以认为结论是可信的。数据分析模型则是利用现实的经济数据,在一定经济理论框架下进行计算并得出结论。实验仿真模型就是借助于计算机对现实经济系统模拟和仿真,可以用于检验某种经济理论或者政策实施的效果。

就应用经济分析而言,按对经济数量关系的分析划分,经济数学模型一般可以分为计量经济模型、投入产出模型、最优规划模型三类。

计量经济模型通常包括一个或一个以上的表达经济现象及其主要因素之间数量关系的方程式,可以有效地描述、概括某一实际经济现象的数量特征,并深刻地揭示经济系统的数量变化规律。常用的计量经济模型有时间序列模型、单方程回归模型和多方程回归模型等,在研究中,计量经济模型主要应用于结构分析、预测和政策评价三个方面,来分析微观、宏观经济现象与影响这些现象的经济变量之间的数量联系和特征,研究主导经济现象演变的各种因素的数量经济特征。构建计量经济模型的步骤通常为:观察事实→收集数据→确定理论模型→计算模型→检验→模型改进→分析(结构分析、预测、政策评价)。

投入产出模型是根据投入产出原理建立的一种经济数学模型,通常用于分析部门、地区或产品之间投入产出的经济数量依存关系,从而揭示国民经济各部门之间、再生产各环节之间的产品产出与消耗的内在联系,并据此进行经济分析、预测和计划。根据不同的计量单位,投入产出模型可分为价值型和实物型两类,主要用于经济计划编制、经济指标预测、政策模拟与评价以及其他社会经济问题研究等。投入产出分析特别能清晰地反映国民经济中各部门、各产业之间在生产过程中的直接与间接联系,以及各部门、各产业生产与分配使用、生产与消耗之间的均衡(平衡)关系。此外,投入产出分析还可以推广应用于各地区、国民经济各部门和各企业等类似问题的研究。当用于地区问题时,它反映的是地区内部之间的内在联系;当用于某一部门时,它反映的是该部门各类产品之间的内在联系;当用于公司或企业时,它反映的是其内部各工序之间的内在联系。投入产出模型的理论基础与所使用的数学方法主要来自瓦尔拉斯的一般均衡模型,在实际研究中,常用的分析模型是可计算一般均衡模型(CGE)。

最优规划模型是运筹学的一个分支,研究的是多变量函数在变量受约束条件下的最优化问题。它是一种特殊的均衡模型,用来解决经济活动中的条件极值问题,选取最优方案,即在一组约束为等式或不等式的条件下,使系统的目标函数达到极值。最优规划模型一般包括变量、约束条件和目标函数三要素,目标函数可以是系统功能的函数或费用的函数,它必须能够在满足规定的约束条件下达到最大或最小。研究中常用的最优规划模型有线性规划、非线性规划、整数规划、动态规划、多目标规划等。

线性规划就是求线性目标函数在线性约束条件下的最大值或最小值的问题,满足线性约束条件的解称作可行解,由所有可行解组成的集合称作可行域。决策变量、约束条件、目标函数是线性规划的三要素。在研究中,线性规划通常用于分析生活、生产中的资源利用、人力调配、生产安排等问题,以便从各种限制条件的组合中选择出最优的方案。

非线性规划是指具有非线性约束条件或目标函数的数学规划,且目标函数和约束条件至少有一个是非线性函数时的最优化问题。在研究中,当目标函数或约束条件出现未知量的非线性函数,且不便于线性化,或勉强线性化后会招致较大误差时,通常采用非线性规划的方法去处理。求解非线性规划的方法有一维最优化方法、无约束最优化方法和约束最优化方法三种。

整数规划是指要求问题中的全部或一部分变量为整数的数学规划,从约束条件的构成又可将其细分为线性、二次和非线性的整数规划。在研究现实中的具体问题时,容易遇到要求必须是整数的情况,如需要求解的变量是产品的件数、个数、台数、箱数、艘数、辆数等,这时变量就只能取整数值,因此,常常把整数规划作为线性规划的特殊部分。在整数规划中,如果所有变量都限制为整数,则称为纯整数规划;如果仅一部分变量限制为整数,则称为混合整数规划。整数规划的一种特殊情形是0-1规划,它的变数仅限于0或1。0-1规划也分为两类:所有决策变量均要求为0-1的整数规划称为纯0-1的整数规划;部分决策变量要求为0-1的整数规划称为混合0-1的整数规划。

动态规划是研究多阶段(多步)决策过程最优化问题的一种数学方法。该方法将多阶段决策问题变换为一系列互相联系的单阶段问题,利用各阶段之间的关系逐个求解,这样,多阶段决策问题就转化成了一系列比较简单的最优化问题。能采用动态规划求解的问题都需要满足两个条件:一是问题中的状态必须满足最优化原理;二是问题中的状态必须满足无后效性。所谓无后效性,是指"下一时刻的状态只与当前状态有关,而与当前状态之前的状态无关,当前的状态是对以往决策的总结"。虽然动态规划主要用于求解按时间划分阶段的动态过程的优化问题,但一些与时间无关的静态规划(线性规划、非线性规划),只要人为地引进时间变量,把它视为多阶段决策问题,也可以用动态规划来求解。动态规划方法通常适用于研究含有随时间或空间变化的因素的经济问题,如最大化投资回报问题、最优库存问题、最短路线问题、资源优化分配、设备更新、排序、装载、最优搜索、马尔可夫决策过程等。

多目标规划是研究多于一个的目标函数在给定区域上被同等地最优化（极小化或极大化）问题的一种数学方法，它是在线性规划的基础上，为解决多目标决策问题而发展起来的一种数学方法，用于处理单个主目标与多个次目标并存，以及多个主目标与多个次目标并存下的优化决策问题。多目标规划可以用于资源配置、投资计划、生产调度、环境保护、土地利用、市场战略等方面的研究。

经济数学模型是分析经济数量关系的重要工具，经济数学模型依据相关经济理论，对经济现实做出一种近似模拟，在本质上反映了经济现实，以便于对量大面广、相互联系、错综复杂的经济数量关系进行分析研究。将数学模型引入经济学研究的目的是试图使经济理论的表达更为简洁明了、经验实证分析更为准确、政策效果评价更为量化直观。但经济数学模型也有其明显的局限性：一是受到人们对现实经济关系认识程度以及观察和数学手段的限制，例如，计量经济学模型可以从可能观测的经济数据中推测经济现象发生、发展的机理或理论，但经济系统错综复杂很难观测到只有一两个变量变化而其他变量全都不变的情况，这种观察数据与实验科学（如物理学、生物学）的数据不同，是事件发生过后的记录，且无法重复。研究者只能被动地接收数据，在已有数据的基础上开展研究工作，这意味着研究者只能"观测"而不能"创造"数据。因此，经济数学模型对现实经济现象的解释度就受到限制。二是经济数学模型的正确与否及解释能力对研究者的学识、经验和判断能力有很强的依赖性，同一经济现象往往可以采用不同的数学模型加以描述，是否能够选取最接近现实的分析模型，很大程度上取决于研究者基于经济理论出发对经济现象的正确认识，因此，经济理论是经济数学模型的"灵魂"，脱离经济理论的数学模型只是数字游戏，根本无法揭示客观的经济规律。三是一些影响经济现实变化的重要变量如制度等目前还难以内生化进入模型，这也会严重影响经济数学模型的解释能力。

**二、研究方法论**

简单而言，经济学研究方法论就是组织、计划、设计和实施经济研究的基本原则或程序，即将经济学各部分理论与方法系统地加以融合，根据分析现实经济现象的需要，制定一定的规则和程序，以便于客观、真实地认识经济现象。

经济学研究是为了揭示经济现象发生、发展和延续的规律。然而，国民经济和部门经济是一个复杂的有机体，类似的经济现象会因为国家、地区的不同，特别是由于不同的经济社会发展阶段而呈现具体特征，在时间、空间上出现较大的差异。这些差异的存在势必影响到经济现象发生、发展和延续的规律，因此，在具体的研究过程中,能否用科学的经济学研究方法论来组织和实施研究工作,将决定对经济现象规律研究结果的客观性、真实性、准确性和有效性。

在研究过程中熟练地掌握经济学研究方法论,首先,会有助于扩展理性认识。经济学研究方法论思维框架的建立,可以使研究者在观察、感知和分析经济现象的过程中,把观察所获得的感性认识,经过有严格思维逻辑的思考、分析程序,加以去粗取精、去伪存真、由此及彼、由表及里的剖析,形成概念、判断、推理,准确地把握住经济现象的本质和内部联系。其次,可以使研究更为贴近现实。由于现实经济现象通常相当复杂,受到各种经济因素和非经济因素的制约与影响,因此,研究者面对的现实就是既无法完全准确地描述现实,也无法找到完全符合现实的假设。在经济学研究方法论思维框架下,我们就能够将分析研究尽可能地贴近现实经济现象,得出符合实际的研究结论。再次,知行合一。掌握经济学研究方法论,有助于研究者将理论应用到实践之中,使经济学的研究与解决实际问题的政策和策略无缝对接,能在解决现实生活中的实际问题上起到作用,而非将经济学的研究变成一种纸上谈兵的游戏。最后,提高研究过程的效率。掌握经济学研究方法论对研究者最直接的贡献就是可以提高研究过程的效率,使研究者能够在整个研究过程中保持清晰的思维逻辑和合理的研究计划与设计,避免重复劳动和无谓失误。

## 第二节　知识及其获取的途径

### 一、知识

知识是指人类在实践中认识客观世界(包括人类自身)的成果,是与客观事物存在及变化的内在规定性有关的系统化、组织化的信息。人类的知识来自社会实践,按获得方式可分为直接知识和间接知识,按内容可分为自然科学知识、社会科学知识和思维科学知识。知识的初级形态是经验,高级形态是系统的科学理论。一般认为,知识必须具备三个特征:经过证实的(justified)、正确的(true)和可信的(believed)。

关于知识有多种分类,心理学通常将知识分为陈述性知识和程序性知识两大类。[①] 陈述性知识也称"描述性知识",它是关于事物及其关系的知识,主要说明事物是什么、为什么、怎么样,包括对事实、规则、事件等信息的表达。程序性知识也称操作性知识,它是关于完成某项任务的行为或操作步骤的知识,主要用来解决"做什么"和"如何做"的问题,包括一切为了进行信息转换活动而采取的具体操作

---

① D. 安德森. 认知心理学及其启示[M]. 北京:人民邮电出版社,2012:125—126.

程序。举例来说,陈述性知识告诉你扫帚是用来扫地的,程序性知识则告诉你如何使用扫帚来扫地,前者回答是什么的问题,后者回答怎么做的问题。

OECD 从知识经济的角度,将对经济有重要作用的知识分为四种类型[①]:

1. 知事类(know what)知识

这指的是有关事物或事实的知识,这里的知识在意义上接近于"信息",它可以被分解为若干片段,在一些复杂的领域,如律师和医生,为了完成他们的工作必须具备大量这类知识。

2. 知因类(know why)知识

这指的是科学原理和自然规律的知识,这类知识通常来源于研究机构和大学。

3. 知能类(know how)知识

这指的是技能和诀窍方面的知识,商人判断新产品的市场前景、HR 选择和培训员工,或熟练工人操作复杂的机床都必须具备这类知识。

4. 知人类(know who)知识

这指的是人力资源方面的知识,即发现、追踪、评价、甄选和使用人才的知识,这种知识在组织内部的作用显得尤为重要。

G. L. 约翰逊对知识的分类体系似乎比较符合经济学的概念,即将知识分为实证性知识、规则性知识和价值性知识。[②] 实证性知识是指来自直接观察、实验或计量的条件、情况和事物的知识,具有客观性;规则性知识具有主观性,是指关于什么是应该做的知识,规则性知识关心的是用什么来作为判断决策正确与否的标准;价值性知识是指关于判断环境、处境和事物好与坏的知识,虽然环境、处境和事物可以被观察到,但其性质或结果的好与坏则需要判断,这就需要在一定的主观意识下依据一些尺度进行分析、计量,因此价值性知识具有一定的客观性,但可能不像实证性知识那样具有严格的客观性。

知识的另一种分类方法是将其划分为私人知识和公共知识。私人知识是指个人所接受的但不能向别人证实的知识,如涉及感觉、相信、信任的知识,其特点是自己认为这种知识是可信的,但无法使别人也认为是可信的,例如宗教信仰。公共知识是指可以通过逻辑证明和显示证据使其他人接受的知识,简言之,一个群体的每个人不仅知道这个事实,而且每个人知道该群体的其他人知道这个事实的知识,这种知识通常也称为可靠性知识。值得注意的是,私人知识与公共知识之间没有严格界限,私人知识可能会随着时间的推移而成为公共知识,实际上,大多数公共知

---

① OECD, *The Knowledge-based Economy*, OCDE/GD(96)102, Paris, 1996:12.

② Glenn L. Johnson, *Research Methodology for Economists: Philosophy and Practice*, New York, Macmillan Publishing Co., 1986:11—29.

识都是从私人知识转化来的。

## 二、知识的获取途径

知识的获取涉及许多复杂的过程,体验和观察是我们取得知识的最初来源,中国哲学讲究"格物致知",也就是推崇通过对万事万物的认识、研究来获得知识,即所谓"致知在格物者,言欲致吾之知,在即物而穷理也"。通常认为人们获取知识的途径主要来自六个方面:感觉、经验、直觉、启示、计量和推理。

### (一)感觉

感觉是接触事物所产生的知觉,包括视觉、听觉、嗅觉、味觉和触觉。由感觉获得的知识是获得私人知识的第一步,由于通过感觉获得的知识不带有价值判断色彩,所以感觉也是引申出实证性知识的主要手段,但它还不是公共知识,原因就在于:一是由感觉所获得的感性认识具有个体性,对相同的事物不同人的感受可能不同;二是感觉的信息可能不能被证明。

### (二)经验

经验是个人与他人、地方、事物、环境、观念、感觉等所积累的经历以及它们相互作用的总和。通过经验获得的知识可能可信也可能不可信,把从经验获得的知识转化为可靠性知识是一个复杂的过程,因此,经验就是一个无序的和无组织的信息方式。但理解所掌握或积累的知识却常常需要借助于经验,我们通常会利用经验来评价与原有知识有关的新知识。经验获得的知识基本上仍属于私人知识,它需要经过计量和验证才有可能成为公共知识。

### (三)直觉

直觉是人类的本能知觉之一,是意识的本能反应,而不是思考的结果。它是对突然出现在面前的新事物、新现象、新问题及其关系的一种迅速识别、敏锐而深入洞察、直接的本质理解和综合的整体判断。但直觉是个人对事物产生的感受,是基于个人职业、阅历、知识和本能的一种思维形式,可能是准确的,也可能是不准确的。因此,直觉可能是成功研究的必要条件,但不是发现可信知识的充分条件。

### (四)启示

启示是指获得来源不明的知识,即不少人都体验过的"一闪念",有时这种"闪"念会使人突然理解或发现了事物。启示可能产生于无意识领悟,也可能与直觉或经验有关,因此由启示获得的知识属于不可靠知识,它只有通过了可靠性检验后才可能成为可靠性知识。

### (五)计量

计量是通过数量化获得的知识,通常是指数据,这种知识通常被认为是对事实的知识,通过这种途径获得的知识通常是可靠的,尽管其中会存在抽样或统计误差。统计、调查、数据收集与整理等均属于计量范畴。

**（六）推理**

推理就是由一个或几个已知的判断（前提）推导出新的判断（或结论）。推理获得的知识是关于事物关系与模式的可靠的知识，也是获得这类知识的重要途径。推理涉及演绎和归纳，二者都是我们由推理得到知识的基本途径，但如果不能考察某类事物的全部对象，而只根据部分对象作出推理，所获得的知识就不一定完全可靠。经济学比较广泛地使用推理方法。但是，在使用推理获得知识的过程中，最重要的是不能产生逻辑谬误。

# 第三节　方法论的哲学基础

经济研究者具有不同的哲学观念，因此，对经济现象的分析和判断就会有不同的思维方式。不同的哲学观念无论是对经济思想还是经济学研究方法论都产生了巨大的影响，因为每一种哲学观念都会决定研究者在经济研究活动中的态度、视角和采用的方法，以及提出不同的解决思路与办法。对经济学问题的研究所采取的基本思维方式，大体可以划分为实证主义、规范主义和实用主义三类。这三类哲学主张反映的是不同的价值观，它们都对经济思想的形成和经济研究的观念产生了重大的影响。

## 一、实证主义

实证主义是一种哲学思想，是关于人类知识的一种特定的哲学态度。实证主义认为，只有通过观察（感觉）获得的知识才是可信赖的。强调知识必须建立在观察和实验的经验事实上，通过经验观察的数据和实验研究的手段来揭示一般结论，并且要求这种结论在同一条件下具有可验证性。实证主义者主张必须通过观察或感觉经验去认识每个人身处的客观环境和外在事物，虽然每个人接受的教育不同，但他们用来验证感觉经验的原则并无太大差异，实证主义的目的在于希望建立知识的客观性。实证主义哲学的创始人是法国哲学家孔德（1798—1857）。孔德实证主义哲学的核心是其实证原则，概括起来说，首先，一切科学知识必须建立在来自观察和实验的经验事实基础上，经验是知识的唯一来源和基础。科学知识之所以是确定的、精确的，是因为它们来自经验，科学知识的有用性也是由于这个原因。其次，人们的认识能力只限于经验范围，而永远达不到那些超经验的形而上学的问题。人们如果把自己的精力花费在这些问题上，是一种纯粹的理智和时间的浪费。再次，人们的知识仅仅是经验的，我们既不能知道这些经验的本质是什么，也不知道它究竟怎样和以什么样的方式产生。因此，知识只能是相对的知识，而不是绝对的知识,追求绝对的知识总会伴随使用神学的虚构和形而上学的抽象思辨。

孔德把人类理智的发展分为三个阶段:第一是神学阶段。在这个阶段,人类理智刚刚起步,但却本能地用自己的理智去解释那些最不可能解决的问题,也就是去探索万物的内在本性,寻找现象的根源,追究事物的终极原因,试图获得绝对的知识,却无法办到,于是便求助于超自然的力量——神来解释,以信仰和膜拜来解释自然界的变化,这时宗教在各种思想体系中占据主导地位。第二是玄学阶段,又称抽象阶段。这是一个过渡阶段,是改头换面的神学阶段。在这个阶段,人们的理智依然追求万物本原和现象背后的本质、原因,追求绝对知识,不过这时人们以形而上学的抽象概念代替超自然的神力来解释一切,要求获得关于事物本质的绝对知识,并独断地把这些抽象概念当成是绝对知识。第三是实证阶段,也称科学阶段。在这一阶段,人的理智成熟了,放弃了神学和形而上学的思维方法,也放弃了对绝对知识的追求。这时,人们以科学研究为基本特征,尊重经验事实,依靠观察和理性的力量去说明、解释现象,发现规律,把一切知识都看成是关于经验现象的知识,把一切事物的研究和解释都局限于现象世界的范围。

20 世纪 30 年代以前的实证主义被称为传统实证主义或"纯"实证主义。传统实证主义坚持只有通过观察(感觉)获得的知识才是可靠的,它甚至怀疑推理在获得可靠知识上的有效性。20 世纪 30 年代至 50 年代,实证主义得到了发展,出现了以施里克(1886—1932)和卡尔纳普(1891—1970)(维也纳学派)为代表的逻辑实证主义。逻辑实证主义是传统的经验主义和逻辑分析方法相结合的产物,它以经验为依据,以逻辑为工具,进行推理,用概率论来修正结论。

实证主义包括逻辑实证主义和传统实证定义都起源于自然科学。自然科学中的实证主义基本属于传统实证主义,认为只有直接可以观察到的事物,即有形的事物及其关系才是真实的,只有当理论或命题能够被数量表示时,这种理论才是有效的。而经济学中的实证主义,则大多属于逻辑实证主义。经济学的实证主义认为:

第一,许多不是有形的东西、关系依然是真实的。例如,商品需求关系、供求均衡关系等都不是有形的,但却是真实的,可以被估计、被描述出来。因此,这种知识是有效的。

第二,经济学研究中应该包括对有关社会价值的研究和对非价值知识的描述。因为某些事物、环境对人类发展的有利与不利程度是可以计量的,即承认与人有关的价值知识的有效性。

第三,虽然经济学家希望尽可能通过数量表达的方法来进行经济学研究活动,但是数量表达的极端化在经济学研究中既不现实,也可能是有害的,甚至会使经济学研究流于形式主义。

第四,在经济学研究中采取实证主义方法至少有以下好处:强调客观性;强调通过证据来说明问题;强调研究分析过程中假定条件的事实与理论依据;强调私人知识与公共知识的差异;等等。

第五,实证主义研究方法用途极其广泛,它的影响最明显地体现在专业研究、专题研究中对经济变量的参数、关系值的估计上。如果在研究过程中不发生逻辑谬误,这些参数、关系值的估计可以为政策制定和公共决策提供积极影响。

经济学中的实证主义认为经济现象具有规律性,经济学可以像自然科学那样成为精确的科学,经济学也可以利用自然科学的研究方法和叙述方法。因此,经济学中的实证主义通常有这样的特征:第一,本体论的自然主义假设,认为经济现象与自然现象在本质上相同,因此经济过程可以按自然规律来解释;第二,方法论的自然主义假设,经济学知识体系应当以自然科学为楷模,并采用其方法论;第三,认识论的经验主义原则,强调感觉和经验事实在经济学认识中的作用,认为经济学知识的真理性依赖于观察和检验;第四,"价值中立",科学只与"是什么"有关,而对"应该是什么"不感兴趣,经济学家不应该对被研究对象和所得的结果作任何价值判断。"实证科学的终极目的就是要发展这样一种'理论'或'假说',使之能够对尚未观察到的现象作出合理的、有意义的(而不是老生常谈的)预测"。[①] 例如,约翰·穆勒就认为,生产规律如同自然规律一样,具有永恒的性质;财富的生产法则与条件具有物理学真理的性质,其中没有任意选择的因素。

## 二、规范主义

规范主义通常以科学理论范围以外的某种东西或先验预设的约束性法则(如证实与证伪)来说明科学认识的合理性,也就是具备好与坏这样具有价值判断的知识是必要的。人们认识条件、状况、事物、行为的好与坏(正确与否)的知识是经济社会的规则性知识,好与坏的知识尽管具有价值判断成分,但是这种知识对于人们认识事物从而作出什么是正确的、什么是错误的规则及其标准,什么是应该做的、什么是不应该做的规则及其标准是有益的。条件、状况、事物等有好与坏之分,而无正确与否之分,但行为则既有好与坏之分,也有正确与否之分。因此,规范科学就被定义为关于判别事物是否具有可取性标准的系统化知识门类,它关注人的理想,而与实际状况无关,至于手段,则是给定目标的一个规则系统。[②] 德国历史学派的经济学家就把经济学看成是一门伦理科学,认为它不仅涉及"是什么"的问题,而且涉及"应该是什么"的问题,任何企图把社会生活中的经济因素"孤立起来的理论"是没有实际价值的,经济研究只有与宗教、艺术、法律、民俗、历史等的研究结合

---

① M. 弗里德曼. 弗里德曼文萃[M]. 胡雪峰,武玉宁,译. 北京:北京经济学院出版社,1991:195.
② 约翰·内维尔·凯恩斯. 政治经济学的范围与方法[M]. 秦裕林等,译. 北京:华夏出版社,2001:22.

起来才能有所成就。

规范主义研究得到的是一种关于"应该是什么"及其准则的系统化知识,经济研究中的规范主义哲学聚焦于经济社会生活中人们认为有价值的那些问题,如效率、福利、收入、生活标准、生活质量等。在研究这些问题的时候,就必然会出现好与坏的判断,那么,为完成特定目标或达到特定目的而应该做什么,就是不可少的,特别是在制定规则的工作中。规范主义应用于经济学研究时,它不涉及正确和错误的道德问题,这与什么是好和坏的问题或知识根本不同,经济选择可以,或许常常必须在几个"坏"的选择之中进行选择,既然这样,一个正确的"选择"或许不止包括"好的"选择,从道德意义上说,一种条件、状况或行为是正确还是错误的也许就不是经济学所要考虑的问题。①

规范研究注重研究人与人的关系,以一定的价值判断来评价人们经济行为的是非善恶,以确定人们的经济行为"应该是什么"的准则或规范,探讨和制定满足这些行为规范的行动步骤和政策建议。例如,应该实行最低工资标准吗? 应该减税吗? 个人所得税应该实行累进税制吗? 政府应该实行环境控制吗? 等等,它的重点在于如何建立规范,如何运用规范于经济行为。因此,在经济学研究中,规范主义哲学得到了广泛的运用。特别是在对策性研究中,凡是涉及人们认为有价值的那些问题,都离不开规范主义的研究方法,规范主义的作用巨大。另外,凡是涉及经济活动方案选择、经济政策选择时,如果排除规范主义研究,经济学的解释力就会受到极大的限制。因为"我们的委托人还包括普通老百姓,他们有着许多困惑,面对着大量问题,从环境、生活水平、国际贸易直至国防……如果经济学家心目中没有规范主义的成分,那么我们的能力将是有限的"。②

在现实经济研究中,实证研究与规范研究之间存在不可分割的联系,即实证研究服务于规范目标,而规范政策要想达到效果就必须利用实证结论。因为实证研究只是描述、解释和预测经济现象,告诉我们实施不同的经济政策可能产生的后果,但并不告诉我们应该如何选择,因为如何选择的问题依赖于经济政策的目标。实证研究只是告诉我们在经济政策的目标达成共识的情况下,不同的经济政策与共识目标之间的距离。但是,目标的确定本身与是否能够通过经济政策或者法律实现这一目标直接相关。也就是说,目标能否实现与目标本身直接相关,正如理想能否实现与理想的高低直接相关一样,如果理想不高,可能很快就会实现,而理想很高,可能永远也实现不了。要保证经济政策和法律的实际效果,我们必须理性探讨法律或者政策目标,同时探讨经济规律对目标的可实现性。随着博弈论与信息

---

① 唐·埃思里奇. 应用经济学研究方法论[M]. 朱刚,译. 北京:经济科学出版社,1998:72.
② 唐·埃思里奇. 应用经济学研究方法论[M]. 朱刚,译. 北京:经济科学出版社,1998:73.

经济学的创立,机制设计或制度设计理论的出现就是实证经济学与规范经济学互相融合的结果。

### 三、实用主义

实用主义认为认识来源于经验,人们所能认识的,只限于经验。人的认识、思维是经验的一种方式,是人的适应行为和反应的机能,它并不提供客观世界的主观印象,认识也不是要探寻什么客观真理,而是为了求得适应环境的满意的效果,使生活愉快、安宁和满足。无论怎么说,人们总是不能走出经验范围之外而有什么认识。所谓真理,无非就是对于经验的一种解释,如果解释得通,它就是真理,就对我们有用,有用就是真理,因此没有所谓客观的真理。所以,实用主义首先是一种方法,这种方法不是去看最先的事物、原则、范畴,而是去看最后的事物、收获、效果和事实。

实用主义的特点就在于把实证主义功利化,强调"生活""行动"和"效果",把"经验"和"实在"归结为"行动的效果",把"知识"归结为"行动的工具",把"真理"归结为"有用""效用"或"行动的成功"。认识的任务,不是反映客观世界的本质和规律,而是认识行动的效果,从而为行动提供信念。而实践必须是功利主义的,没有功利效果,也就无所谓理论的真假好坏。实用主义哲学的特征体现在:第一,本体论上的折中主义,希望在唯心主义和唯物主义哲学中间走出一条中间道路。第二,认识论上的相对主义,认为观点没有绝对的对与错,只有因立场不同、条件差异而相互对立的学说,在相对的思维模式下,价值观和伦理学只能发挥有限的作用。没有普遍的绝对真理,真实与否取决于参照系统,所以认识有相对性,对真理的认识也是这样。例如在经济学里,将实证主义的非价值性知识和规范主义的价值性知识看作是互相依赖的,不相信它们之间的区别或认为这种区别是不可能的。第三,社会历史观上的多元主义,认为人类社会由一些独立的因素决定,其中任何一种因素都是独立存在的并对社会发展起作用。一种观念是不是真理,不是看它是否符合客观实际,而是看它是否具有效用,这样,有用与无用便成为划分真理和谬误的标准。观念、概念、理论等的真理性并不在于它们是否符合客观实际,而在于它们是否能有效地充当人们行为的工具。如果观念、理论帮助人们在适应环境中排除了困难和苦恼,顺利地完成了任务,那就是可靠的、有效的、真的;如果它们不能清除混乱与弊端,那就是假的。最重要的是实际经验,而原则和推理则处于次要地位。理论只是对行为结果的假定总结,是一种工具,是否有价值取决于是否能使行动成功,人对现实的解释,完全取决于现实对他的利益有什么效果。

实用主义哲学对经济学方法论产生了很大的影响,比较明显的一是以赫伯特·西蒙和马克·布劳格为首的波普尔"证伪主义"方法论,二是以米尔顿·弗里德曼为首的芝加哥学派的"工具主义"方法论。"证伪主义"方法论认为任何经济学说想要取得科学的资格,必须接受社会的检验,科学的经济学应该由经验上可验证的命题组成,在验证方法上要遵循波普尔的证伪法。弗里德曼的"工具主义"方法论强调理论的好用性而非其假设的现实性,"理论不过是制造预言的工具,或者更好的说法,经验事实是批准我们预言的许可证"。[①] 弗里德曼认为,理论应该通过其对它意在加以"解释"的那一类现象的预测能力来检验,唯有实际证据才能表明该理论是"正确的"还是"错误的"。或者更为准确地说,唯有实际证据才能表明该理论是被作为合理因素而暂时地得到"接受"呢,还是遭到了"拒绝"。[②] 简言之,好的或正确的理论就是有用的理论,而弗里德曼的"有用"就是能够解释和预测经济现象。实用主义为经济分析提供了一种独特的经济思维方式和研究工具——数学在经济学领域内的广泛运用,使得当前许多经济学理论都是通过建立模型,然后经过在经济实践中进行实证讨论和验证,最后确立其说服力与准确性的。这种思维方式实际上是受到了实用主义哲学的深刻影响,芝加哥学派的"工具主义"方法论备受推崇也是实用主义哲学在经济学研究中被广泛接受的结果。

## 建议阅读的文献

1. 唐·埃思里奇. 应用经济学研究方法论[M]. 朱刚,译. 北京:经济科学出版社,1998.

2. 马克·布劳格. 经济学方法论[M]. 石士均,译. 北京:商务印书馆,1992.

3. 田国强. 现代经济学的基本分析框架与研究方法[J]. 经济研究,2005(2):113—125.

---

① 马克·布劳格. 经济学方法论[M]. 石士均,译. 北京:商务印书馆,1992:64.

② M. Friedman,*Essays in Positive Economics*,Chicago:Univ. of Chicago Press,1966,p. 8.

# 第四章

## 研究设计

### 第一节  研究过程

通常而言,研究的目的有三个,即探索、描述和解释。探索是为了寻求经济现象未知部分的答案。创新(新理论、新思维、新观点)通常来自探索性研究,尽管探索性研究不一定完满地解决问题,但可以为后续的深入研究提供思路和路径。描述是为了说明经济现象的特征、状况、规模、程度等,这种描述是建立在全面、准确和细致的科学观察基础上的,以发现经济现象中各种因素的关联关系,但只是客观地描述现象、展示经济因素间联系的紧密程度,并不能确定因果关系,描述往往是为进一步的分析研究打下基础。解释就是分析经济现象发生的原因,探讨经济现象之间的因果联系,预测经济现象的发展后果,可以说,经济研究就是为了寻求一种解释。

然而,研究不是偶然的发现,研究是一项复杂的系统性工程,要使研究所获得的成果是可靠的和有意义的,就需要对研究的过程进行科学的设计和精心的构造。农业经济研究是一项涉及面广、复杂性强的探索性工作,要获得高质量的研究成果,制订科学、细致的研究计划(研究方案)就显得尤其重要。研究者确定了研究的课题以后,第一件事就是制订研究计划。研究计划是顺利完成研究活动的必要条件,是研究探索的一种逻辑结构。研究计划的功能就是确保我们在有明确的研究目标的前提下,有针对性地获得相关经验证据,准确地解释需要研究的经济现象,检验理论或评价政策措施的成败。研究计划通常包括以下内容:(1)确定研究的对象和目的,详细地思考所要研究的问题,形成初步设想;(2)分析研究的意义和条件,做到心中有数;(3)选择符合课题所需要的合适的研究分析方法;(4)确定研究的步骤和研究逻辑演进的路径;(5)考虑数据、资料的获得途径和处理手段与方法。

```
                        研究的可能起始点
        ┌─────────┐      ┌─────────┐      ┌─────────┐
        │  兴趣   │      │  想法   │      │  理论   │
        └─────────┘      └─────────┘      └─────────┘
```

| 概念化 |
|---|
| 定义所需研究问题的概念与变量的含义 |

| 观察 |
|---|
| 搜集经验事实与数据资料 |

| 数据准备 |
|---|
| 调查 实验 统计数据 |

| 操作化 |
|---|
| 实际度量被研究的变量 |

| 研究方法选择 |
|---|
| 描述性方法 经济行为模型 统计与计量经济模型 运筹学方法 |

| 资料数据处理 |
|---|
| 将所得的资料数据转化为适合处理和分析的形式 |

| 分析研究 |
|---|
| 分析研究经验事实与资料数据并获得结论 |

| 应用 |
|---|
| 报告结果 |

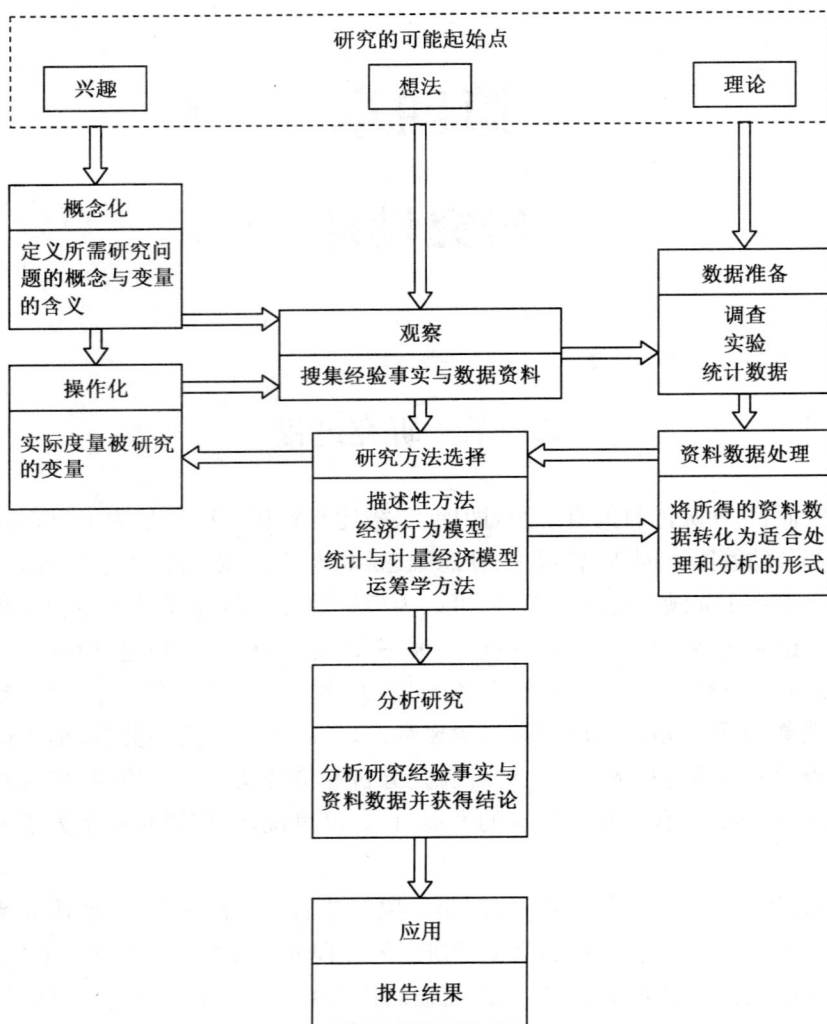

图 4—1　研究过程

## 第二节　研究项目建议书

在研究中,研究项目建议书就是一份完整的研究计划。任何研究项目的立项研究都需要有研究项目建议书,现实中我们可能会对研究项目建议书有不同的叫法,如研究生为学位申请论文所制订的研究计划就称作开题报告。不同类型的研究如基础研究、专题研究和对策研究对研究项目建议书的具体要求可能有所不同,但都要求其必须具备科学性、完整性和可行性的特征。

研究项目建议书服务于双重目的：一是服务于研究者本人；二是服务于项目评审专家。对研究者而言，研究项目建议书是研究的完整计划和行动指南，要求研究者在开始实质性研究前对研究的实施作出一个完整的安排，使研究者能够更全面地了解研究应该聚焦的问题、范围和难点，预见可能出现的问题并考虑处理这些问题的预案。对项目评审专家而言，研究项目建议书设计得是否科学、全面、合理和有可行性，是决定项目批准与否的依据。

### 一、研究项目建议书的构成要素

对不同类型的研究而言，研究项目建议书的结构和侧重点可能有所不同，但它们都有一些共同的构成要素，这些要素构成了研究项目建议书的主体。我国常见的研究项目建议书一般由下列部分组成：

**（一）课题名称**

课题名称是研究内容的凝练，必须突出研究的主要关注点，必须准确概括所要研究的对象、问题和重点，能够反映出研究的最主要的特征。例如，"农业劳动力转移对我国粮食安全的影响机理与对策研究"，研究的对象是农村劳动力转移，研究的问题是对我国粮食安全的影响机理，研究的重点则在于提出相应的对策。题目名称要精练，不宜过长。例如，"加入 WTO 对我国纺织业生产者、棉农和消费者的影响研究"这样一个标题，就可以精练为"加入 WTO 对我国纺织产业和消费者的影响研究"，两者意思相同，后者字数更少。

撰写课题名称应该注意以下几个方面：第一，标题要清晰、简洁、概括主题；第二，用词规范，尽量避免使用非正式的术语或臆造的术语；第三，艺术地使用热门词汇，有时可以起到醒目的作用，使用得当会产生良好的效果；第四，尽量避免使用"俏皮的"词汇，幽默感在科学研究中往往不受欢迎。

**（二）选题依据**

选题依据也就是课题研究的背景、目的与意义。在项目建议书中必须首先阐明研究的背景，任何研究都是基于特定的理论或者现实的背景，不可能凭空出现，所以首先必须说明是根据什么而提出所要研究的问题，也就是研究的出发点是什么；其次必须明确该研究的目的为何，计划认识什么、发现什么、解决什么，需要我们着重交代研究拟解决的问题及其合理性，通常这也是评审人评审研究项目的主要关注点；最后要说明研究的意义与价值为何，研究在哪些方面可能有所突破，能在理论上作出哪些贡献或解决实际中的哪些问题。只有研究的背景、目的和意义明确，才能使研究工作的价值得以体现。

### (三)文献评述

文献评述的目的是说明前人对这个问题已经做了哪些工作,该领域的研究已经进展到什么程度,研究的前沿性问题为何等。文献综述的全面、深刻与否反映研究者对将要研究的问题的了解程度,避免出现无效率的重复研究,同时也为评审专家加深对该研究的全面了解提供了基本材料。文献评述作为研究项目建议书的组成部分之一,可以成为一个独立的部分,也可能出现在研究项目建议书的其他部分(研究的范围与内容),不是所有的研究项目建议书都需要一个正式完整的文献评述部分,但如果研究者不能充分了解前人的研究成果,那么就很难进行科学意义上的研究并有新的发现,或者进行的是无效率的重复劳动。

### (四)研究的范围与内容

任何研究都是在一定范围内进行的,否则研究就无法进行,因此必须对研究范围作出准确的界定。只有确定了研究的范围,才可能使研究工作有的放矢、高效率地开展。研究范围的界定包括对研究对象的界定和对一些关键概念的界定。

对研究对象进行界定,既关系到研究对象如何选取,也关系到研究成果的适用范围。对研究对象,一是要对研究对象的概念有清晰的界定,二是要清晰地界定出研究对象的总体范围。例如,农民是农业经济研究的主要对象,但农民有专业和兼业之分,如果研究对象没有界定清楚,研究得出的结论就可能会失真。研究对象的总体范围不同,所得到的结论很可能会不同。例如研究农民的素质问题,以经济发达地区农民为研究对象总体与以欠发达地区农民为研究对象总体所得到的结论就可能会有较大差别。

对研究中的一些关键概念必须下一个比较明确的定义,这样,一方面可以正确地识别影响经济现象的因素,另一方面也便于别人按照研究者规定的范围来理解研究过程与结果并评价该研究的合理性。

研究项目建议书必须具备具体的研究内容。研究内容必须准确体现研究项目的背景、目的与意义,为设计更为具体的研究方案提供基础。研究内容主要由研究大纲和拟解决的重点和难点组成。研究大纲是整个研究分析的逻辑框架,包括从问题提出到获得研究结果的全部逻辑演进过程。研究大纲的合理性与逻辑性是评审人重点关注的内容,是决定研究项目申请成败的关键。拟解决的重点和难点是对打算着重研究的问题的描述和对研究中可能遭遇的困难之处的预判,需要特别注意的是其合理性与可行性。

### (五)研究的思路与方法

研究的思路是从分析问题的起始到最终解决问题全过程的思维逻辑演进过程的体现和描述,判断研究思路的优劣就是看其是否保持了研究主题的连续性。因此,在思考和设计研究思路时,必须将研究主题贯穿始终,使问题分析抽丝剥茧、层层递进、清晰明了,切忌板块化堆砌、逻辑不清。

研究思路的清晰与否在某种程度上取决于研究者的概念框架和知识体系。经济学研究中的概念框架是对与问题相关的所有假设的概念分析,即将所需要研究的问题分解为具体的概念,分析这些概念与其他相关概念的关系,基于经济学的理论,构建经济现象产生、变化、解决的可能关系。它纯粹是概念性的,并不考虑经验证据或数据,主要作用是形成一系列有意义的命题(假设),并在研究中对假设作出检验(证实或证伪)。通常,如果缺乏完善的概念框架,就很难对所需要研究的问题作出清晰的阐述。概念框架的构建就是运用理论对所研究的问题进行逻辑分析,找出与问题紧密联系的经济学和其他理论的概念,然后将它们运用到所需要研究的具体问题的概念分析之中,构思并具体化研究思路。

一项好的研究是建立在正确、恰当的方法基础之上的,任何研究项目建议书都要用一定篇幅来描述研究中采用的研究方法,如对资料的整理、组织和加工的过程与方法;对经济现象的经济行为分析和实证分析模型与方法;数据取得与处理的过程与方法等。这里,研究者需要结合所研究的问题深入地理解相关研究方法,并根据研究需要选择出最适合问题研究的具体方法,而不是笼统地说诸如"定性分析与定量分析相结合的方法""宏观分析与微观分析相结合的方法"等毫无意义的东西。对于方法的全面、深入和确切的描述至少有两个作用:一是可以细化解决所研究问题的技术路径,提高分析的精准度和可信度,也利于评审人对研究的可行性进行审核、检验;二是可以为以后做相关课题或项目的研究人员提供参考,进而有利于研究工作的进一步延伸。

除了要清楚地阐述所使用的研究方法,还要尽可能将方法交代得比较细致。例如,采用调查法搜集数据或事实,最好写明调查方式是问卷还是访谈。如果用问卷调查,最好能将设计好的问卷附上;如果是访谈调查,尽可能附上访谈提纲;如果采用经济数学模型,最好要给出具体的模型形式。

**(六)研究的计划进度、资料来源和前期研究基础**

研究的计划进度是研究工作在时间和顺序上的安排,通常都会根据研究的需要和优先顺序将研究分为不同的时间段进行,对每个阶段的工作性质、要求和目标作出明确的计划和规定。计划进度的作用是使研究者对研究过程有清晰的把握,做到心中有数,有条不紊、环环相扣地展开研究工作,保证研究如期按预定要求完成。

对于经济现象的研究离不开经验事实(资料和事实素材),需要有明确的研究资料和数据来源,并充分地拥有相关材料,才能将研究建立在坚实的事实基础上,不然研究就有可能成为空中楼阁。因此,在研究项目建议书中要将研究资料和数据的准确来源交代清楚。

前期研究基础是围绕该研究项目所开展的前期准备工作(包括文献搜集、调研等)以及对该项目已经进行的研究进展(如发表的相关学术论文和工作论文等)。以上前期研究基础必须与研究项目建议书中相关项目内容相呼应,体现研究的继承性、创新性、针对性和实效性。

### (七)预期研究成果及其表现形式

研究项目建议书中需要给出预期研究成果及其表现形式,通常应该说明最终的研究成果为何,如研究报告、论文、专著或决策咨询建议专报等。对研究成果的预期应当恰如其分,能够充分反映研究的成果。

## 二、研究项目建议书的评价

研究项目建议书需要由评审专家来评审研究设计的科学性、合理性,必要性和可行性,这就要求研究者必须有全面、深入、精密的思考和设计,且加以清楚地表达。研究项目建议书的设计通常是研究工作中难度较大且需要花费大量精力的部分,一般而言,研究项目建议书(即研究设计)的工作量通常会占到研究总工作量的20%~30%,一旦研究设计获得认可,接下去的研究就是按部就班地根据研究设计加以实施,一个合理的研究设计是产生优秀研究成果的基石。

评审专家对研究项目建议书的评价通常基于选题、目标、过程设计、方法等方面来考评。具体来讲,评价研究项目建议书的优劣一般考察以下方面的内容:

### (一)研究项目的可行性

(1)研究目标的合理性;

(2)研究设计的科学性、合理性;

(3)研究内容的完整性、体系性、创新性及技术路线的可行性;

(4)项目负责人的研究能力及项目组成员结构与分工的合理性;

(5)相关研究条件和前期研究基础的充分性;

(6)研究经费预算的合理性。

### (二)科研过程的严谨性

(1)数据的可得性、真实性及数据处理的合理性;

(2)采用方法的正确性与适用性;

(3)预期成果的充分性。

### (三)研究项目的价值性

(1)理论及学术价值;

(2)社会价值;

(3)应用价值。

# 第三节　研究的问题及其假设

## 一、研究的问题及其陈述

经济研究中需要研究的问题就是那些我们尚未彻底认识的经济现象、尚未彻底了解的经济关系以及尚未圆满解决的矛盾。换句话说,需要研究的问题也就是那些需要我们通过研究来明了和认识的现象及其本质。

经济学所需要研究的问题大多来自三个方面:最大部分是来自现实经济生活;另一部分通常来自理论的启发与延伸;还有一部分来自文献的研究。但无论研究什么问题,最关键的就是弄清楚需要研究的问题是什么,问题的识别、定义和解释将直接对研究的质量、有效性以及有用性产生的决定性作用。只有在厘清问题的前提下,我们才有可能深入地去分析产生问题的原因是什么,问题的本质是什么,解决问题需要什么样的资源、行动和步骤。

所需要研究的问题首先必须是一个科学的问题,也就是在现有的经济学知识背景下,在理论上或社会经济实践中需要解决而尚未解决的问题,需要我们通过研究来加以分析、解释和解决。其次,这个问题必须是一个可研究问题,换句话说,需要研究的问题应该是一个非常具体的问题,可以直接给出研究的目标,而非一个大而化之的东西。

恰当地陈述所需要研究的问题在编写研究项目建议书的过程中十分重要。唐·埃思里奇给出了需要研究的问题陈述的五个准则:

(1)可研究的问题必须是充分界定的(有限的),它能在可用资源范围内提出。这些资源包括时间、研究的专业知识、数据、工具(如计算机运算能力)、人员和资金支持等,可研究问题的重要性在某种程度上总是依赖于可利用的资源。一个有大量资助、许多研究人员参与、先前有大量积累的数据库,以及拥有高级计算机的研究人员在构成可行的研究问题方面与一个没有这些资源的研究生的可研究问题相比,具有明显的不同。然而,应该记住,对一个问题描述的质量并不依赖于这个可研究问题的大小,而是依赖于它是否清楚。作为一个规则,大而广的可研究问题常常没有有限的、集中的问题清楚。

(2)必须以客观的(中性的)而不是主观的(辩护性的)的词汇来描述问题,避免"价值判断"语言。虽然问题定义具有内在的规范性,但是要训练自己使用明确的描述并克制个人的价值取向和偏好。你所选择使用的语言会对你的研究是否客观(中性)以及你的中立性的实现产生影响。在定义问题中避免使用主观性语言可以防止问题的讨论重点陷入没有答案的境地,我们也建议避免多余的形容词,特别是那些表达看法的词汇。

（3）问题必须得到充分的描述，以使其他人能够理解。这既适用于一般问题陈述，也适用于具体问题陈述。

（4）研究者对问题的感觉可能来源于直觉层次，但它应该在逻辑层次上得到进一步开发，研究人员和其他人员只有以这种方式才能真正理解问题。如果对问题的描述没有在逻辑上发展到使其他人也能够领会的程度，则问题就还没有得到很好的定义。感情陈述不能提供证据。

（5）研究可以始于一个研究目标——你希望确定的某事，但问题的解释应该被扩展到能证明目标的合理性。问题是研究目标的理由（正当性），如果你不能解释这一问题，则表明要么你没有清楚地理解问题，要么不存在这个问题。[①]

一个好的陈述不仅应该简洁明了，而且必须指明研究的明确焦点、方向及问题的背景，即不但要包括研究的问题或内容，还要包括研究的对象、研究的方法等相关研究背景的说明或阐述。

### 二、研究假设

研究假设是研究者根据经验事实、经济理论或已占有的数据资料对所研究问题的本质、规律或原因作出的一种有待验证的推测性判断或尝试性断言，是在进行研究之前对所研究问题的预先设想的、暂时的答案以及对主要变量之间关系的一种预设。在研究进行之前，研究者首先要对所研究的问题有一个大体的基本想法，通常会从相关的经济理论和经验事实出发，对这个问题的内在联系、规律和解决的可能途径作出一定的推测性判断，将其作为研究的起始点，把这些猜测用明确的语言表达出来，就是研究假设。一旦确定了研究假设，研究者就能根据所确定的目的，有针对性地设计和进行一系列的观察、分析和研究，根据所获得的观察、数据和经验事实使假设得到验证。例如，我们发现，随着工业化的发展，人际交往水平和交往能力呈下降的趋势。如果我们以这一现象为研究对象去研究这种水平和能力下降的原因，那么，从经验事实出发，我们可以猜测随着工业化的发展、工作和通勤时间的增加、家庭规模的缩小、公寓化居住、汽车保有量的增加等都有可能是造成这种现象的原因，我们就可以作出相关的研究假设，比如"汽车保有量越高，人们见面次数越低"，然后通过收集相关实证数据加以分析来验证这一假设。

研究假设是依据经济理论对现实经济现象发生、发展的一种理性的探测性判断。这种理性判断通常应具备五个特征：（1）研究假设必须是对需要研究的特定问题作出的尝试性断言，而非一般的或普遍的理论解释；（2）研究假设必须能够由经

---

① 唐·埃思里奇.应用经济学研究方法论[M].朱刚,译.北京:经济科学出版社,1998:119-120.

验事实来检验;(3)研究假设必须以明确的经济学概念为基础;(4)研究假设必须与有效的观测或度量方法(分析技术)相联系;(5)研究假设必须做到价值中性,不加入研究者的主观偏好和价值判断。

给出研究假设的过程通常是先提出问题,然后给出假设性解释,采用的基本方法是演绎法和归纳法。研究假设一般有三种形成方式:第一是理论的演绎。即从经济理论的基本原理出发,根据可直接观察或不可直接观察的事物、现象或属性之间的某种内在联系的普遍性,通过理论综合和逻辑推演而提出尝试性断言。也就是根据经济学的相关理论,判断关于经济变量之间如何发生相互联系,演绎和推论出各种可能的结果,以求用一种简明的方式把复杂的现象联系起来。然后通过实证研究来检验演绎推理的结论,如果实证结果与假设相符,就证明研究假设是正确的;反之,则说明假设是错误的。通常而言,研究假设能够演绎解释的已知事实越多,研究假设的可靠程度就越高。第二是经验的归纳。即在经验观察或初步探索性调查的基础上概括出对某一经济现象的尝试性断言,也就是通过对一些个别经验事实的观察得到启示,进而归纳、概括、推论出关于经济变量之间如何发生相互联系的研究假设。第三是综合演绎与归纳。即将理论演绎和经验归纳结合使用来提出研究假设。

根据研究假设的性质和形式不同,通常可以将研究假设分为描述性假设、解释性假设和预测性假设三类。描述性假设是对需要研究的问题性质和结构的推测,是对经济现象的外部联系和大致数量关系的尝试性断言;解释性假设是对经济现象内在联系的推测,是对经济现象相互作用的机制、过程和关系的尝试性断言;预测性假设是对经济现象未来发展趋势的推测,是在对经济现象有了深入、全面了解的基础上对其未来发展趋势或结果的尝试性断言。

## 建议阅读的文献

1.艾尔·巴比. 社会研究方法[M]. 邱泽奇,译. 北京:华夏出版社,2009.

2.韦恩·C.布斯等. 研究是一门艺术[M]. 陈美霞等,译. 北京:新华出版社,2009.

3.安德鲁·弗里德兰德,卡罗尔·弗尔特. 如何写好科研项目申请书[M]. 郑如青,译. 北京:北京大学出版社,2010.

# 第五章

## 文献综述

### 第一节　文献综述的目的与意义

在对某一经济现象进行研究之前,研究者首先必须对该问题研究的历史与现状有一个全面的认识,了解前人对这一现象都做过哪些研究工作,有什么样的发现、见解和结论或建议,以及存在什么样的不足和缺陷,该问题研究的新动态、新趋势为何等等,以便从前人的工作中汲取经验和教训,为自己的研究寻找出发点和突破口,并避免重复研究。

文献评述是对前人所进行的研究的一般考察和概括,文献综述的主要目的就是让研究者以及评审者了解研究者拟进行的研究与前人的研究有何联系、有何区别、有何创新,因此,文献综述必须围绕拟研究的问题展开,分析、总结和综合对该问题前人已经进行了的工作,洞悉当前的研究水平和研究前沿,分析该问题研究中存在的问题和不足,探讨新的研究思路和研究方向的可能性,为自己的研究提供支持。文献综述的目的就是为确定研究者所准备进行的研究的重要性和可行性提供一个评判的框架,也提供一个与其他相关研究成果进行比较的基准。

文献综述在任何一项研究中都起着非常关键的作用,在准备开始研究之前,研究者应该尽可能全面地阅读拟研究问题领域内的有关文献,以寻找研究的出发点和突破口,界定自己拟研究问题的范围、内容和目标,从而说明自己研究的意义所在以及自己通过研究得到的可能发现和结论会对现有的知识起到何种作用。因此,文献综述对于加深对拟研究问题的理解有着重要的作用。唐·埃思里奇总结了文献综述具有五个方面的作用与意义:

(1)可以避免无根据的研究和对以前已经做过的研究的过度重复。对研究结果的一些重复或证实常常是必要的,但是,对一个已经研究得很好的研究的重复,其成本可能要大于它的所得。

(2)有助于确定新的前沿领域,有助于确定所进行的研究怎样、在哪儿和以什么方式才能增加已有的知识。它也有助于研究者和评审者了解项目将如何有助于对该问题和该研究领域做出更全面的了解,也有助于研究者解释项目完成后研究成果的重要性。

(3)为下列情况提供思路和指导:①如何处理遇到的问题;②技术;③数据来源;④研究者尚未想到的其他研究途径。

(4)指出以前分析途径中哪些是成功的,哪些是不成功的,有助于加深对项目设计的理解。或者,可以指出哪一种途径已尝试过或还没有尝试过。

(5)提示问题的概念背景,以及为研究者自己的研究假设提供基础。①

文献综述对于了解前人研究中所采用的方法、程序、模型和数据也有着重要的意义,相似的问题、相似的研究可能会因采用不同的方法、程序、模型和数据而获得新的发现。另外,对于前人研究中方法和程序的细致分析也有助于自己深入了解不同方法与程序的优劣所在,以便在研究中选择最佳的方法和程序。

# 第二节　文献搜集过程

并非所有与拟研究问题有关的文献都在搜集范围之内,这里所指的"文献"特指"科学文献",即学术研究文献,只有这些"科学文献"才能包括在文献综述之中。这些科学文献包括:各类学术和专业杂志;专著;由政府机构完成的或在政府机构的发起下完成的正式研究报告;大学与研究机构的公报、报告和专题研究文章;由研究基金或组织、国际组织和类似的出版机构完成的报告;等等。

文献的搜集必须利用图书馆和互联网,这需要研究者学会使用各种可以利用的图书馆和互联网资源,在计算机和网络技术发达的今天,高校和研究机构都具备了比较齐全的电子数字数据资料库,为研究增加了极大的便利。

## 一、经济研究所常用的电子数字数据资料库

### (一)中文文献

1. 中国知网中国期刊全文数据库(http://www.cnki.net)

该库是目前世界上最大的连续动态更新的中国期刊全文数据库,同时收录部分基础教育、大众科普、大众文化和文艺作品类刊物,内容覆盖自然科学、工程技术、农业、哲学、医学、人文社会科学等各个领域。产品分为十大专辑:理工 A、理工B、理工 C、农业、医药卫生、文史哲、政治军事与法律、教育与社会科学综合、电子技术与信息科学、经济与管理。

---

① 唐·埃思里奇.应用经济学研究方法论[M].朱刚,译.北京:经济科学出版社,1998:128—129.

2. 中国知网中国优秀博硕士学位论文全文数据库(CNKI)

收录全国 404 家培养单位的博士学位论文和 621 家硕士培养单位的优秀硕士学位论文,是目前国内相关资源最完备、高质量、连续动态更新的数据库,已累积博硕士学位论文 20 余万篇。涵盖九大专辑:理工 A、理工 B、理工 C、农业、医药卫生、文史哲、经济政治与法律、教育与社会科学、电子技术与信息科学和 121 个专题文献数据库,所收录论文的起始年限为 1984 年。

3. 维普中文期刊全文数据库(http://lib.cqvip.com)

涉及社会科学、自然科学、工程技术、农业科学、教育科学、医药卫生、经济管理、教育和图书情报等各大学科的 12 000 余种中文期刊数据资源,其中核心期刊 1 982 种,文献总量 4 000 余万篇,回溯年限 1989 年,部分期刊回溯至 1955 年。

4. 万方数据资源系统——期刊/学位论文/会议论文(http://www.wanfang-data.com.cn)

学术期刊论文总计收录 1 300 余万篇;收录了自 1980 年以来我国自然科学领域各高等院校、研究生院及研究所的硕士研究生、博士及博士后论文,总计 110 余万篇;收录国家级学会、协会、研究会组织召开的各种学术会议论文总计约 90 万篇,范围涵盖自然科学、工程技术、农林、医学等多个领域;收录了 1949 年以后出版的中国地方志;收录自 1949 年新中国成立以来全国各种法律法规约 10 万条,内容包括国家法律法规、行政法规、地方法规,以及国际条约及惯例、司法解释、案例分析等。

5. 人大复印资料全文数据库(http://book.zlzx.org)

由中国人民大学书报资料中心开发,"复印报刊资料"全文数据库从国内公开出版的近 6 000 种核心期刊与专业特色期刊中精选全文并汇编而成,囊括了人文社会科学领域中的各个学科,包括哲学类、政治学与社会学类、法律类、经济学与经济管理类、教育类、文学与艺术类、历史学类、文化信息传播类以及其他类。数字期刊数据库为书报资料中心出版的一系列数字期刊,包括"复印报刊资料"系列期刊、中文报刊资料摘要以及原发刊等。

6. 中国社科院皮书数据库(http://www.pishu.com.cn)

社会科学文献出版社推出的大型系列图书,由一系列权威研究报告组成,对每一年度有关中国与世界的经济、社会等各领域的现状与发展态势进行分析和预测。

7. 方正中华数字书苑(http://www.apabi.com)

该书苑是北京方正阿帕比技术有限公司推出的中文数字内容整合服务平台,有电子图书库、中国报纸资源全文数据库、年鉴库、工具书库、艺术图片库和外经贸数据库共 6 个专业数据库。电子图书库收录 220 多万册电子书,覆盖了新中国建立以来的所有电子书 80% 以上,其中外文图书 3 000 多种,民国期刊 20 000 多期,中医古籍 2 000 余册,国学要览 80 000 余册。报纸资源库收录 500 多种数字报纸,覆盖全国正式发行报纸的 30%,覆盖了所有报业集团,最早回溯至 1949 年。年鉴库收录了经新闻出版总署批准正式出版的各种年鉴约 2 000 种、10 000 多卷年鉴资源,其中包括各类统计年鉴 600 余种、约 4 000 卷,覆盖了我国国民经济及社会发展的各个领域和地区,以国民经济和社会统计类、国情地情综合类为主的统计数据。工具书库收录 2 000 多种工具书,覆盖了各大类大部分的重要工具书。外经贸数据库收录了自 1990 年以来中国对外经济贸易的各项统计数据,内容包括对外经济贸易中外贸、外资、外经、法律法规各个领域。

8. 超星数字图书馆(http://www.chaoxing.com)

由北京世纪超星信息技术发展有限责任公司投资兴建,目前拥有数字图书 120 余万册,涵盖哲学、宗教、社科总论、经典理论、民族学、经济学、自然科学总论、计算机等各个学科门类。

**(二)外文文献**

1. Elsevier Science Direct(http://www.sciencedirect.com)

由荷兰爱思唯尔(Elsevier)出版集团开发,自 1999 年开始向用户提供电子出版物全文的在线服务,包括爱思唯尔出版集团所属的 2 500 多种同行评议期刊和 11 000 多种系列丛书、手册及参考书等,涉及四大学科领域:物理学与工程、生命科学、健康科学、社会科学与人文科学。数据库收录全文文章总数已超过 1 000 万篇。

2. ProQuest 系列电子期刊报纸数据库(http://www.proquest.com)

由 ProQuest Information and Learning 公司通过 ProQuest 数据库平台提供,内容覆盖商业与经济、教育、历史、传播学、法律、军事、文化、科学、医学、艺术、心理学、宗教与神学、社会学等领域,为全文图像期刊数据库。它收录了 2 万多种综合性期刊,7 000 多种报纸,150 多万篇博硕士学位论文,20 多万种绝版书及研究专集。

3. Wiley Online Library 电子期刊全文库(http://onlinelibrary.wiley.com)

由 John Wiley & Sons Inc. 开发,目前共有 1 350 种电子期刊可供访问,具体学科涉及生命科学与医学、数学统计学、物理、化学、地球科学、计算机科学、工程学、商业管理金融学、教育学、法律、心理学等。该出版社期刊的学术质量很高,是相关学科的核心资料,数据可访问年限为 1997 年至今。

4. Springer 电子期刊数据库(http://link.springer.com)

由德国施普林格(Springer Verlag)科技出版集团开发,SpringerLink 将所有资源划分为 12 个学科:建筑学、设计和艺术;行为科学;生物医学和生命科学;商业和经济;化学和材料科学;计算机科学;地球和环境科学;工程学;人文、社科和法律;数学和统计学;医学;物理和天文学。读者可阅读和下载 1997 年至今 Springer 出版的 850 种英文电子期刊全文,还能免费浏览、下载 1996 年之前(含 1996 年) Springer 出版的回溯内容,包括 Springer 回溯期刊库和回溯丛书库,约 920 余种刊物,共 3 万余期期刊,有些出版物的年份甚至远至 1854 年。回溯丛书库包括 14 种 Springer 著名丛书,全部从第 1 卷第 1 期开始提供,也会免费提供 2008 年以后的所有新增的回溯出版物。

5. EBSCO 全文数据库(http://www.ebscohost.com)

目前包括 ASP、BSP、ERIC、Professional Development Collection 等多个数据库。ASP(Academic Search Premier)人文与社会科学学术期刊数据库几乎覆盖了所有的学术研究领域,收录期刊 12 800 多种,包括 8 700 多种全文期刊[其中 7 613 种为专家评审期刊(peer reviewed)]和 553 种非期刊类全文出版物(如图书、报告及会议论文等)。收录文献的主题范畴:社会科学、教育、法律、医学、语言学、人文、工程技术、工商经济、信息科技、通信传播、生物科学、教育、公共管理、社会科学、历史学、计算机、科学、传播学、法律、军事、文化、健康卫生医疗、宗教与神学、生物科学、艺术、视觉传达、表演艺术、心理学、哲学、妇女研究、各国文学等。收录年限: 1887 年至今。BSP(Business Source Premier)商业与经济学术期刊数据库为 EBSCO 最完整的商管财经全文数据库,收录 4 292 种期刊索引及摘要,其中 3 354 种全文期刊(1 692 种为同行评审),有 1 200 种全文期刊提供可查找引文参考的功能(searchable cited references),还包括伯恩斯坦财务分析报告(Bernstein Financial Data)、EIU 272 种全文出版物、8 种晨星基金股票分析出版物、AICPA 美国会计师协会出版物、Richard K. Miller & Associates 市场研究报告及 Global Insight、ICON Group International,Inc. 等报告。主题涵盖商业相关领域如营销、管理、管理信息系统(MIS)、生产与作业管理(POM)、会计、金融、经济。除此之外, BSP 数据库也收录非期刊的全文数据,包括图书、专题论文、参考工具资料、书摘、会议论文、个案研究、投资研究报告、产业报告、行销研究报告、国家报告、企业公司档案、SWOT 分析等。

6. EconLit with Full Text 经济学全文数据库(http://www.ebscohost.com/academic/econlit-with-full-text)

由美国经济学会(AEA)所建立,收录自 1969 年至今逾 550 种国际性经济学领域的期刊文章、书籍、研究报告、会议论文及博硕士论文等相关文献。主题包括经济理论、历史、货币理论、财政制度、劳工经济、国际性经济、区域性经济及都市经济等相关领域。目前资料收录自 1969 年至今的数据逾 130 万篇,并以每年约 26 000 篇的速度持续增加中。

7. JSTOR 电子期刊全文过刊库(http://www.jstor.org)

JSTOR 全名为 Journal Storage，是一个对过刊进行数字化的非营利性机构。目前 JSTOR 的全文库是以政治学、经济学、哲学、历史、语言文学等人文社会学科主题为中心，兼有一般科学性主题共 29 个领域的代表性学术期刊的全文库。内容共分为 6 个专题全文库，包括人文社会主题、商业主题、生态学与植物学主题、一般科学性主题等，收录权威全文期刊近千种，可浏览创刊号到最近两三年前的期刊全文，少数期刊可回溯至 1665 年。

8. SAGE Journals Online 电子期刊全文库（http://online. sagepub. com）

SAGE 出版公司与全球超过 245 家专业学术协会合作出版 500 余种高品质学术期刊，同时每年出版 12～15 种百科全书和超过 700 种的新书。SAGE 出版的学术期刊为 100％同行评审，其中 247 种期刊收录于 2007 年 JCR（Thomson Scientific Journal Citation Report）中，占 SAGE 期刊总数的 51％，其中 183 种期刊收录于 SSCI 部分，78 种收录于 SCI 部分。30％的 SAGE 期刊位列相应领域的前 10 位。

9. 剑桥期刊电子回溯库（http://journals. cambridge. org）

该库包含 207 种优秀的学术期刊，回溯时间跨度从 1770 年至 1996 年左右，总计超过 450 多万页的内容。其中，158 种期刊的对应现刊被 SCI/SSCI/AHCI 收录，收录比例达到了 76. 3％。剑桥期刊 2011 回溯库全库人文社科类的内容约占 56. 5％，自然科学类的内容约占 43. 5％。剑桥期刊回溯库中，社会科学类期刊 131 种，自然科学类期刊 76 种，绝大多数为半衰期较长的学科，回溯价值很高。尤其是人文社科方面，在全球学术界和图书馆都获得了广泛的认可。

10. MyiLibrary 电子图书（http://lib. myilibrary. com）

Myilibrary 电子图书数据库来自英格拉姆数字集团，目前收录了世界上 400 多个学术和专业出版商出版的内容，涵盖理、工、农、医、文、史、哲等领域。

**（三）统计及数据**

1. 中经网统计数据库（http://ceds. database. ce. cn）

中经网统计数据库是中国经济信息网通过专业化加工处理组织而成的一个综合经济数据库群，内容涵盖宏观经济、产业经济、行业经济、区域经济以及世界经济等各个领域。中国经济统计数据库包括宏观月度库、行业月度库、海关月度库、综合年度库、城市年度库、世界经济统计数据库、OECD 月度库、OECD 年度库等。

2. Euromonitor International J-Passport 数据库（http://www. portal. euro-monitor. com）

该数据库涵盖了 210 多个国家的快速消费品市场信息，内容包括 1 000 多万条国际可比较的市场数据（市场容量和市场销售额、品牌和公司占有率、分销渠道销售额、包装和成分数据）；18 000 份市场报告，对市场业绩趋势、竞争环境和关键市场驱动因素进行了有深度的战略分析。具体包括：21 个快速消费品数据库；4 个服务业数据库;2个供应链数据库;1个按照 ISIC 国际标准行业分类的工业数据库;同时还包括 7 个国家与消费者行业子库。

3. Oriana 亚太企业分析库(http://oriana.bvdinfo.com)

Oriana 亚太企业分析库是一个提供亚太和中东地区 60 个国家内共计 7 000 多万家公司(主要是非上市公司)的企业财务、经营信息以及各行业发展情况的大型企业分析库,提供亚太地区企业贸易投资信息。

4. 中国知网中国经济社会发展统计数据库(http://tongji.cnki.net)

CNKI(中国经济社会发展统计数据库)完整收录了新中国成立以来我国已出版发行的 830 种权威统计资料。其中,仍在连续出版的统计年鉴资料有 193 种,内容覆盖国民经济核算、固定资产投资、人口与人力资源、人民生活与物价、各类企事业单位、财政金融、自然资源、能源与环境、政法与公共管理、农民农业和农村、工业、建筑房产、交通邮电信息产业、国内贸易与对外经济、旅游餐饮、教育科技、文化体育、医药卫生等行业领域。截至 2023 年 6 月,全库共有中央、各省市官方统计年鉴(资料)5 218 册,数据图表条目 1 150 万余条,共计数值知识元 27 亿余个。

5. 中经网产业数据库(http://cyk.cei.gov.cn)

以国家统计局、国家发展改革委、海关总署、中国人民银行、交通运输部、外汇管理局、商务部等官方数据发布机构,以及各行业协会为稳定的信息来源,由各领域专家对各专题数据进行筛选加工整理而成。对行业的发展以及运行态势进行立体、连续、深度展示,旨在帮助行业分析人员快速掌握行业数据信息,有效查找所需的资料。

6. The World Bank WDI Online 世界发展指标数据库(http://databank.worldbank.org)

世界发展指标(WDI)一共有超过 1 400 多个发展指标以及 220 多个国家从 1996 年至今的数据。数据包括社会、经济、金融、自然资源以及环境指标。数据库使用直观方便。数据库定期更新,每年 5 月录入年度数据。

7. EIU Countrydata——各国宏观经济指标宝典(http://eiu.bvdep.com-frame.html)

该宝典是全面获取全球各国宏观数据的分析工具,提供全球 200 多个国家与地区的宏观经济历史与预测数据,每个国家 320 个指标系列,含年度、季度、月度数值,数值从 1980—2050 年(提供 5~25 年预测值)。同时,还提供全球 45 个地区和次地区的经济总量数据、各国近期经济展望综述报告。EIU Countrydata 内每个国家的数据分为 6 大类:人口统计和收入类、国内生产总值类、财政及货币指标类、国际支付类、外部债务存量、外贸与外债偿还类。EIU Countrydata 还提供全球 28 种大众商品的分析数据及 5 年价格预测,以及影响价格因素的预测分析。

8. Bankfocus 全球银行与金融机构分析库(https://bankfocus.bvdinfo.com/ip)

该分析库详细提供了全球 44 000 多家主要银行及世界重要金融机构与组织的经营与信用分析数据,是全球银行业权威性的分析库。库中每一家银行的分析报告包含历年财务分层数据、各银行全球及本国排名、标普/穆迪/惠誉的银行个体评级(长短期、外汇、独立性、支持力、商业债券等评级)、国家主权与风险评级、各银行详细股东与分支机构、董监高管、评级报告、原始财务报表、新闻与并购记录等信息。

9. 中国健康与营养调查(CHNS)数据库(http://www.cpc.unc.edu/projects/china)

中国健康与营养调查是由美国北卡罗来纳大学,中国 CDC 营养与食品安全所及北京、天津和重庆等 12 省市共同合作的"中国健康与营养调查"项目。该项目旨在了解我国不同地区不同时段城乡居民的生活水平、食物结构和膳食营养状况的变化趋势,以及与这些变化有关的卫生、经济、文化、人文、人口等家庭及社会因素的相关关系,涵盖农村城市家庭的人口特征、教育、收入水平、健康状况、时间分配、家族关系、医疗保险、农业生产、个体经营等多方面数据。

### 二、文献搜集技巧

尽可能广泛地搜集研究文献和数据资料是对问题进行深入研究并有所创新的前提,但不能采取漫无边际大撒网式的做法,这样不仅影响文献搜集的效率,而且会将自己陷入无所适从的文献海洋。要提高文献搜集的效率,通常的做法是:

第一,围绕中心问题来搜索文献。在进行文献搜索之前,需要比较仔细地思考一下你所要研究的中心问题是什么,这样做将有助于你比较确切地选择出检索的关键词,避免将时间浪费在搜索对你的研究无用的文献上。在开始检索的时候,你可以将检索关键词清单略微扩大,使检索范围有一定的宽泛度,当有了一定"感觉"以后,再将检索集中到一个更精细的范围,这样就可以有效地避免花费很多时间重复检索,提高文献搜索的效率。

第二,从最新的研究成果开始搜索。从最新的研究成果开始搜索的好处在于:一是使你更快地了解该问题研究的最新动向和主流趋势;二是有助于发现文献与数据资料的主流,最新的研究通常包括以前的研究成果、数据资料以及经典文献,让你可以按图索骥。

第三,通过主流经典文献发现脉络。在某一问题的研究上,一般都会有一些主流的"经典"的研究文献,可以先从搜集检索这些经典文献着手,并根据它们的参考文献顺藤摸瓜,找到该问题研究的思维发展过程。

第四,先阅读文献的摘要和总结。这样可以使你比较迅速地确定该文献与你的研究的重要程度,然后再阅读全文,这样就可以避免将过多的时间花费在阅读与研究关系不大或者不重要的文献上,提高文献综述的效率。

第五,勤做笔记,不依赖记忆。在阅读文献资料过程中,要养成勤做笔记的习惯,详细、系统地记下所阅读过的文献研究的问题、目标、方法以及结论,记录下自己在阅读这些文献时的感悟,诸如这些研究还存在什么问题? 哪些观点值得商榷?哪些问题尚未获得完满的解释? 哪些新的研究思路和途径可以尝试? 等等。这些对以后撰写文献综述有着很大的作用与帮助。另外,在文献资料搜集过程中,对每一项文献资料来源要注明完整的出处,如出版时间、页码和出版单位等,以便撰写文献评述时使用。

## 第三节 文献综述的写作

文献综述不是对前人研究做一流水账式的记录,而是对已有相关研究的思路、方法、结论、存在的问题与缺陷以及研究的发展趋势进行综合评述的一种文献报告。文献综述的写作必须在搜集、阅读大量的相关研究文献的基础上,经过归纳、分析、鉴别、整理,对所研究的问题在一定时期内已经取得的研究成果、存在问题以及新的发展趋势等进行系统、全面的叙述和评论。因此,文献综述必须具备三个基本要素:一是所综述的文献必须是原始文献,而且必须有一定的时间和空间范围;二是要集中反映与所研究问题相关的一系列有质量的文献的内容;三是要深入、全面地了解综述的主题,将文献系统地归纳、整理,作出全面的叙述和评论。

一篇好的文献综述应该具备以下特征:(1)内容充实。要对一定时空范围内综述主题的发生、发展有一条清晰的主线,既有纵向描述,又有横向覆盖。(2)语言精练概括。不是照抄或摘录前人研究文献中的理论、观点、方法,而是在理解的基础上,用简洁、精练的语言将其精髓概括出来。(3)客观评述。客观地分析、比较、评论各种理论、观点、方法,应基于客观进行分析、评价,不加入自己的偏好和倾向。

初级研究者或研究生在撰写文献综述过程中往往容易犯以下几种错误:一是罗列堆砌文献,把文献综述写成一张前人研究成果的清单,既缺乏对文献系统的归纳和整理,也缺乏对文献的评论;二是选择性综述文献,没有对文献进行系统全面的搜集和研读,综述带有明显的片面性和个人偏好;三是二手综述,不是仔细地研读原始文献,而是走捷径,引用他人对原始文献综述或解释,极易以讹传讹。因此,文献综述可以反映出一个研究者的学风,需要研究者以严谨、认真、客观、科学的态度来对待文献综述的写作。

文献综述一般由前言、主体和总结与评论三部分组成:

## 一、前言

用不长的篇幅对所需要研究的问题相关背景作出简要的介绍,指出选择该问题加以研究的目的与意义、研究的学术价值与应用价值,如果属于争论性课题,要指明争论的焦点所在。

## 二、主体

文献综述的主体部分包括:(1)问题的研究背景和发展脉络,可以按时间顺序或研究的不同角度说明该问题的提出以及对该问题研究的发展过程。(2)该问题迄今为止的研究发现、争论、存在问题以及原因等,介绍国内外研究者对该问题不同角度的研究所获得的成果与发现,不同研究者对该问题的各种观点以及学术争论,该问题未来研究的可能的发展趋势。在介绍过程中,应提出自己对该问题的看法与见解。为了使综述条理清楚,一般可以根据该问题研究的不同角度、不同理论依据或不同观点分成若干个小标题来加以阐述。(3)进一步研究的可能领域与研究的发展趋势。

主体部分的写法通常有三种:一是纵式写法,即按时间先后顺序或问题研究的发展过程加以叙述,层次清楚地描述出该问题研究的演变过程、目前成果与观点以及研究发展的趋势。用这种写法进行综述写作时,特别要注意不要将综述写成"流水账"式的编年史,不要孤立地按时间顺序罗列事实,而要根据对问题认识的发展和深入过程来加以叙述。二是横式写法,即根据对该问题研究的不同的观点、理论、角度、方法等来加以叙述。三是纵横结合式写法,即同时采用纵式与横式写法,通常可以用纵式写法写研究的演变过程,用横式写法叙述研究的发现、争论、存在问题以及原因等。

## 三、总结与评论

对主体部分的主要内容进行总结和评论,表述自己的体会和见解,并提出自己对该问题进一步研究的设想。

# 第四节 资料来源的标注

综述前人的研究成果和发现必须明确地标注资料来源,这一是表示对作者劳动和贡献的尊重,二是可以为其他研究者提供查找特定资料的充分信息。

文献综述资料来源标注的一种方法是用脚注,典型的做法是用一个数字上标来表明脚注,在整个文章中使用连续编号,在当页底部列出文献。另一种方式是尾注,它实际上是脚注的一个变种,可以按照脚注的方式和形式来使用尾注。研究报告、专著和论文的资料标注则多采用尾注的形式。

编写参考文献时应注意把规定的项目写全,中外文献分开,中文在前,外文在后。

## 一、中文文献资料来源标注的格式

中文文献资料来源标注的格式通常为:

(1)中文按著者姓氏拼音顺序列出。

(2)不同资料来源的项目顺序和间隔标点、标注格式为:

期刊:作者. 论文名[J]. 刊名,年份,卷(期):起止页码.

专著和译著:作者. 书名[M]. 版次(第一版不列).(译者+"译"字). 出版地:出版社,年份.

文集:文献作者. 文献题名[A]. 文集编者姓名+"主编"两字. 文集题名[C]. 出版地:出版社,年份,起止页码.

报刊:作者. 题名[N]. 报刊名,年份-月份-日期.(版次).

未出版学术研讨会交流论文:作者. 论文名[R]. 学术会议名(会议地点)或会议文集名. 年份.(会议文集页码).

未公开发表资料:作者. 标题[Z]. 年份.

网站上不明原始出处的文献:(作者). 题名[Z]. 网站中文名(http://www.×××××××).

(3)如果作者不止一人,三人内的一般全部列出,姓名之间用逗号,最后一个姓名之后仍然用英文的点号,多个作者可以只列前一、二位加"等"字。

(4)如果同一作者有一个以上同一年份的引文,那么在引文和参考文献目录里就要增加一个标识符,如(1985a)(1985b)。

## 二、英文文献资料来源标注的格式

英文文献资料来源标注的格式通常采用哈佛参考文献格式。

哈佛注释体系(Harvard System),也称"作者—日期法"(Author-date Method)。根据哈佛注释体系,每一个引文,无论直接还是间接,都应分别在两处注明:在文中引用处注明;在全书或全文最后的参考书目处注明。哈佛注释体系起源于美国,20世纪五六十年代开始流行,经过几十年的发展,哈佛注释体系已成为一种国际性的学术规范,因为它具备灵活、简洁、清楚、对作者和读者来说都较为方便的特点。哈佛注释体系目前在我国研究者论文特别是综述的写作中也被普遍采用。

### (一)在文中引用处的注释规范

当作者姓名在句子中自然出现时,给出作者姓和出版年份,将出版年份放在小括号内。比如,In a recent study Harvey(1993)argued that…。

当作者姓名不在句子中自然出现时,姓和出版年份都放在括号中,比如,A recent study(Harvey,1993)shows that…。

被引用的作者在同一年中出版了两部以上著作或发表了两篇以上的论文,用小写字母 a. b. c 等予以区别,放在年份后面,如,Johnson(1989a)discussed the subject…。

如果被引用著作有两位作者,要将两位作者的姓同时给出,如,Matthews and Jones(1992)have proposed that…。

如果有三位以上的作者,只给出第一位作者的姓,再用斜体写上 et al.(等人),如,Wilson *et al.*(1993)conclude that…。

如果在文中直接引用其他作者,即原话照抄,并且引文不超过两行,则直接插入文本中,用引号与文本隔开。英文文稿可以用单引号,也可用双引号,只要全文一致即可。还要在恰当的位置给出作者姓和出版年份以及页码。比如,Aitchison(1981),for example,points out that language is subject to change,and is not caused by "unnecessary sloppiness,laziness or ignorance"(p. 16)。

**(二)在著作(论文)参考文献处的注释规范**

所有参考文献以作者姓名的字母顺序排列,一个作者有多部文献时,则按年份先后排列顺序,一个作者一年内有多本著作出版或论文发表,在年份后按月份先后加小写字母 a. b. c. 等加以区别。

1. 著作

作者姓名,出版年份,书名(用斜体或下划线),出版地,页码.

单一作者:Escritt,S. ,2000,*Art Nouveau*,Phaidon,London.

两个或三个作者:Cooper,G. S. ,Krever,E. and Vann,R. J. ,2002,*Income Taxation:Commentary and Materials*,4th edn,Australian Tax Practice,Sydney,NSW.

2. 论文

作者姓,名的首字母大写. 出版或发行年份,论文题目,刊物名称(斜体),总卷号(本期号),页码。

单一作者:O'Hara,M. J. ,2000,'Flood basalts,basalt floods or topless bushvelds? Lunar petrogenesis revisited',*Journal of Petrology*,41(11):1545—1651.

两个或三个作者:Williams,R. A. ,Sewell,D. and Humphrey,E. ,2002,'Perspectives in ambulatory care. Implementing problem based learning in ambulatory care',*Nursing Economics*,20(3):135—141.

3. 未发表文献

作者姓,名首字母大写,年份,论文题目. In：会议文集主编名首字母大写. 姓,ed. 或 eds. ,文集名,会议地点,时间,出版地：出版商,论文所在页码.

如果不是会议文集,而只是会议交流论文,则不必写出编者姓名和文集名,但要给出会议名称及具体的时间、地点。

学位论文：Pope,J. J. ,1996,'The nature and origin of magnetite-rich zones in the Mount Fort Constantine Volcanics,adjacent to the Ernest Henry Cu-Au-Co deposit,NW Queensland',MSc. thesis,University of Leicester.

研究报告：Sinclair,J. ,Knight,G. and Merz,R. ,1999,'Video transect analysis of subtidal habitats in the Dampier Archipelago',Museum of WA.

会议论文：Wolff,L. ,2000,'Corporate compliance and human rights in Japan',paper presented at the Australasian Law Teachers' Association Conference,University of Canberra,2-5 July.

4. 电子书刊

作者姓,名首字母大写,日期,题目，(编辑、版次),出版地：出版商. 网站网页.

电子书：Trochim,W. M. ,2000,The research methods knowledge base,2nd edn,updated 2 August 2000,viewed 14 November 2001,<http://socialresearchmethods. net/kb/index. htm>.

电子杂志：Garcia,P. ,2004,'Pragmatic comprehension of high and low level language learners',TESL-EJ,8(2),viewed 2 December,2005,<http://berkeley. edu/TESL-EJ/ej30/a!. html>.

网站文件：desJardins,M. n. d. ,How to succeed in postgraduate study,Applied Ecology Research Group,University of Canberra,viewed 26 April 2001,<http://aerg. canberra. edu. au/jardins/t. htm>.

如,James Barrett,The Great Southern Railway (Dublin,1982),p. 3.

## 建议阅读的文献

1. 劳伦斯·马奇,布伦达·麦克伊沃. 怎样做文献综述[M]. 陈静,肖思汉,译. 上海:上海教育出版社,2011.

2. 姚荣. 浅议学术论文文献综述的写作[J]. 写作,2011(Z1):89—91.

3. 陈佳. 文献综述是怎样"炼"成的——对比《中国教育学科年度发展报告(2003)》中两篇文献[J]. 当代教育论坛,2011(8):37—38.

# 第六章

## 研究方法

## 第一节　描述性方法

描述性方法就是对所研究的问题进行系统的解释,是研究中最常见的方法之一,需要我们通过广泛收集研究对象的有关资料、数据,经过深入细致的分析加工,将现实中的现象、事件、规律或理论,通过自己的理解、分析和验证加以解释并描述出来。描述性方法常用于提出问题、揭示弊端、描述现象、介绍经验等,描述性分析可以是定性的或者是定量的,也可以是定性与定量相结合的。

描述性分析需要建立在研究者对所研究的社会经济现象周密而仔细的科学观察之上,然后详尽地描述现象的特征、状态、规模、程度等。描述性分析采用的具体方法一般就是我们通常所说的基本方法,有要素与功能分析、总量分析、频数分析、差异分析、集中度分析、位次分析和极端值分析、比例分析、结构分析、流程分析、均值分析、波动性分析、平衡分析等。采用这些方法,我们就能够对经济现象进行比较全面的描述和剖析。

描述性方法除了从现有文献资料和各类统计年鉴中获得分析所需的资料和数据外,通常还可以用观察法、案例分析法和调研法等来获取研究所需要的资料和数据。

### 一、观察法

观察法是对社会经济生活中反映人们行为的各种资料的搜集过程,通过有目的、有计划的系统观察和记录来解释经济现象的产生和发展以及可能的规律。观察法是市场调研中常用的方法之一。

### 二、案例分析法

案例分析法通过对所需要研究的经济现象中的典型案例进行剖析,来分析和解释经济现象并探求其规律性特点。案例分析法的过程与步骤包括研究设计、选择案例、搜集数据、分析资料和总结五步。首先要做出细致的研究设计,明确研究的问题是什么,需要达到什么目的,以什么单位(个人、班组、企业、组织或事件)为分析对象,案例选择的数量为何,等等。其次是选择案例,案例的选择要与研究的对象和需要分析的问题有关,这样才能获得有意义的数据。第三是搜集数据,案例研究的数据来源一般有五个渠道:(1)文件;(2)档案记录;(3)访谈包括问卷调查;(4)直接观察;(5)参与观察。第四是分析资料,包括资料的检视、分类、列表或是用其他方法重组证据。最后是总结或撰写研究报告,案例研究报告通常由四部分组成:(1)背景描述;(2)特定问题、现象的描述和分析;(3)分析与讨论;(4)小结与建议。

### 三、调查法

调查法就是通过书面或口头回答问题的方式,了解被测试者的意愿、观点或选择。调查法的优点是能在短时间内同时调查较多对象,获取大量资料,并能对资料进行量化处理。调查法的主要缺点是被测试者由于种种原因可能对问题作出虚假或错误的回答。调查法的具体方法通常有访谈法、电话调查法和问卷调查法三种。

# 第二节 经济行为模型

经济现象的产生、发展、变化是由现象背后的人类行为决定的,因此,研究经济现象必须从分析经济现象背后的人类行为着手。经济行为模型就是依据经济理论,采用数学方法来确定、推导和演绎人类的经济行为。例如,消费者在消费活动中的行为可以用下列数学语言来加以描述和演绎:

假定消费者是理性的,消费活动中购买 $x$ 种商品,消费者的预算约束(收入)为 $M$,那么,消费者在消费活动中所面临的基本问题就是在预算约束(收入)下获得最大的效用:

$$\max_x u(x)$$
$$\text{s. t.} \quad p \cdot x \leqslant M \tag{6-1}$$

如果效用函数为 $u(x)=u(x_1 \cdots x_n)$,预算约束为 $M=p_1 x_1 \cdots p_n x_n$,那么,这个问题就是数学中的求条件极值问题,拉氏函数为:

$$L=(x,\lambda)=u(x)+\lambda(M-px)$$

根据最大化条件:

$$\frac{\partial L}{\partial x_1} = \frac{\partial u}{\partial x_1} - \lambda p_1 = 0$$

$$\vdots$$

$$\frac{\partial L}{\partial x_n} = \frac{\partial u}{\partial x_n} - \lambda p_n = 0 \tag{6—2}$$

$$\frac{\partial L}{\partial \lambda} = M - px = 0$$

解之,并一般化,得到:

$$\frac{\frac{\partial u(x)}{\partial x_i}}{\frac{\partial u(x)}{\partial x_j}} = \frac{p_i}{p_j} \tag{6—3}$$

式(6—3)给出了消费者在既定预算约束下获得最大效用的条件,即物品 $i$ 的边际效用与物品 $j$ 的边际效用之比应等于它们的价格之比。

将式(6—3)加以改写,得到:

$$\frac{\frac{\partial u(x)}{\partial x_i}}{p_i} = \frac{\frac{\partial u(x)}{\partial p_j}}{p_j} = \cdots = \frac{\frac{\partial u(x)}{\partial x_n}}{p_n} = \lambda \tag{6—4}$$

式(6—4)就是我们常见的边际均等原理,它告诉我们如果消费者想要在消费活动中获得效用最大化,花到不同商品中的每单位货币所得到的边际效用必须相同。

接下去的问题是:消费者在效用最大化的前提下会按什么规律需求不同的商品?

假定消费者在两种商品价格 $p_1$、$p_2$ 既定的情况下购买两种商品 $x_1$、$x_2$,消费者的预算约束(收入)为 $M$,那么:

效用函数 $\quad u(x_1, x_2) = (x_1^\rho + x_2^\rho)^{1/\rho}, 0 \neq \rho < 1$

预算约束为:

$$M = p_1 \cdot x_1 + p_2 \cdot x_2 \tag{6—5}$$

条件极值的拉氏函数为:

$$L = (x_1, x_2, \lambda) = (x_1^\rho + x_2^\rho)^{1/\rho} + \lambda(M - p_1 \cdot x_1 - p_2 \cdot x_2) \tag{6—6}$$

$$\frac{\partial L}{\partial x_1} = (x_1, x_2, \lambda) = (x_1^\rho + x_2^\rho)^{1/\rho - 1} x_1^{\rho - 1} - \lambda p_1 = 0$$

$$\frac{\partial L}{\partial x_2} = (x_1^\rho + x_2^\rho)^{1/\rho - 1} x_2^{\rho - 1} - \lambda p_2 = 0 \tag{6—7}$$

$$\frac{\partial L}{\partial \lambda} = M - p_1 \cdot x_1 - p_2 \cdot x_2 = 0$$

由式(6—7)得到:

$$\left(\frac{x_1}{x_2}\right)^{\rho-1}=\frac{p_1}{p_2} \tag{6-8}$$

即：

$$x_1=x_2\left(\frac{p_1}{p_2}\right)^{1/\rho-1} \tag{6-9}$$

引入预算约束：

$$M=p_1x_1+p_2x_2 \tag{6-10}$$

将式(6-9)代入式(6-10)：

$$M=p_1x_2\left(\frac{p_1}{p_2}\right)^{1/\rho-1}+p_2x_2$$

$$=x_2\left[\frac{(p_1)^{1+\frac{1}{\rho-1}}}{(p_2)^{\frac{1}{\rho-1}}}+p_2\right]=x_2\left[p_1^{\frac{\rho}{\rho-1}}+p_2^{\frac{\rho}{\rho-1}}\right]p_2^{-\frac{1}{\rho-1}} \tag{6-11}$$

因此,我们得到了马歇尔需求函数：

$$x_2=\frac{M(p_2)^{\frac{1}{\rho-1}}}{(p_1)^{\frac{\rho}{\rho-1}}+(p_2)^{\frac{\rho}{\rho-1}}}$$

$$x_1=x_2\left(\frac{p_1}{p_2}\right)^{\frac{1}{1-\rho}}=\frac{M(p_1)^{\frac{1}{\rho-1}}}{(p_1)^{\frac{\rho}{\rho-1}}+(p_2)^{\frac{\rho}{\rho-1}}} \tag{6-12}$$

令 $r=\frac{\rho}{1-\rho}$,则式(6-12)可以写作：

$$x_1=\frac{Mp_1^{r-1}}{p_1^r+p_2^r}$$

$$x_2=\frac{Mp_2^{r-1}}{p_1^r+p_2^r} \tag{6-13}$$

式(6-13)就说明了消费者在获得效用最大化的前提下,对于某种商品的需求具有这样的规律:商品的需求量与预算约束(收入)成正比、与价格成反比。

## 第三节 统计与计量经济模型

统计与计量经济模型是经济研究中最常用的工具,统计学模型就是通过搜集、整理、分析反映事物总体信息的数据资料,"由部分推及全体"来推断经济现象的总体特征和性质。统计学处理一般包括描述性统计处理和推论性统计处理两类。描述性统计常用于描绘或总结所观察的经济现象的基本情况,取得反映客观经济现象的数据,并通过图表形式对所搜集的数据进行加工处理和显示,进而通过综合、概括、分析并计算相关统计指标,得出反映客观现象的规律性数量特征。推论性统计则是利用样本数据来推断总体特征。推断性统计有两大内容:一是参数估计,即利用样本信息推断总体特征;二是假设检验,即利用样本信息判断对总体的假设是否成立。推论性统计用于将资料中的数据模型化,主要包括对假设的检验、数字特征量的估计、关联性的测度(相关性)、关系模型化以及其他模型化方法,如方差分析、时间序列分析、数据挖掘等。

计量经济模型是把经济理论表示为可计量的数学模型,然后用统计方法对经济变量之间的关系作出数值估计的一种数量分析方法,用一个或一个以上的随机方程式,简洁地描述、概括现实经济现象的数量特征与数量变化规律。计量经济模型主要应用在四个方面:(1)结构分析。即研究经济现象中变量之间相互关系,研究的是当一个变量或几个变量发生变化时,会对其他变量以至经济系统产生什么样的影响。(2)预测。即在估计出根据经济理论构建的一个或一种计量经济学方程,依据方程对经济现象的变化趋势做出预测。(3)政策评价。利用计量经济模型研究不同的经济政策对经济目标所产生的影响的差异,以便从许多不同的经济政策中选择较好的政策。(4)检验与发展经济理论。例如,按照某种理论去建立模型,然后用实际发生的经济活动的样本数据加以拟合,根据结果来检验理论的正确与否;通过对实际发生的经济活动的样本数据拟合模型来表现经济现象内在的数量关系,发现和发展出相应的理论。

## 一、常用统计模型

### (一)因素分析

因素分析是利用统计指标体系分析现象总变动中各个因素影响程度的一种统计分析方法。该方法把一组反映事物性质、状态、特点等的变量简化为少数几个能够反映事物内在联系的、固有的、本质的因素,对观测到的经济现象的特征和联系进行由表及里、由此及彼、去粗取精、去伪存真的处理,从而得出经济现象本质的概括,将复杂的问题加以简化的同时保持其基本的信息量。因素分析主要有连环替代法、差额分析法、指标分解法、定基替代法等。

### (二)主成分分析

主成分分析是一种将多个变量通过线性变换以选出较少个重要变量的多元统计分析方法。该方法的基本思路就是从众多的变量中综合归纳出少数几个具有代表性的综合指标或变量(主成分),使之既能够保留原始指标或变量所包含的反映经济现象的几乎全部信息,同时又能做到互不相关、信息不重叠,用来揭示多个变量间的内部结构,以避免信息重叠,提高研究工作的效率。具体方法就是将原来 $N$ 个指标作线性组合,作为新的综合指标。

### (三)对应分析

对应分析是一种用来研究变量与变量之间联系紧密程度的多元统计分析方法,以揭示同一变量的各个类别之间的差异,以及不同变量各个类别之间的对应关系,主要应用于检验市场细分、产品定位以及广告或市场推广活动的效果等。其基本思想就是通过定性变量构成的交互汇总表来揭示变量间的联系。交互汇总表的信息以图形的方式展示,是一种视觉化的数据分析方法。

### (四)聚类分析

聚类分析是根据事物本身的特性研究个体的一种多元统计方法,即根据"物以类聚"的道理,将相似的事物归类,来分析事物的内在特点和规律,并按各自的特性来进行合理的分类。聚类分析是一种探索性的分析,在分类的过程中,人们不必事先给出一个分类的标准,聚类分析能够从样本数据出发,自动进行分类。聚类分析所使用方法的不同,常常会得到不同的结论。不同的研究者对同一组数据进行聚类分析,所得到的聚类数未必一致。聚类分析也可以作为其他多元统计分析的预备过程。即先通过聚类分析达到简化数据的目的,将众多的个体先聚集成比较好处理的几个类别或子集,然后再进行多元分析,它也可以用于抽样设计中的分层抽样。聚类分析的具体方法有直接聚类法、最短距离聚类法、最远距离聚类法等。

### (五)方差分析

方差分析是通过数据分析,找出对该事物有显著影响的因素、各因素之间的交互作用,以及显著影响因素的最佳水平等的统计方法。方差分析的基本思路就是从总离差平方和分解出可追溯到指定来源的部分离差平方和。即通过对比不同影响水平下整体方差和组间方差的差异,来检验不同影响因素的水平对因变量的影响是否显著,找出对某一经济现象有显著影响的因素、各因素之间的交互作用,以及显著影响因素的最佳水平等。方差分析分为单因子方差分析、双因子方差分析、多因子方差分析三大类,分别用于研究一个、两个、多个控制变量的不同水平是否对观测变量产生了显著影响。

### (六)时间序列分析

时间序列分析就是利用一组按时间顺序排列的数字序列,应用数理统计方法加以处理,通过曲线拟合和参数估计来建立数学模型的理论和方法,用来预测未来经济现象的发展。其基本思路是经济现象发展具有延续性,因此,应用过去的数据,就能推测其发展趋势;但经济现象的发展又具有一定的随机性,有可能受到偶然因素影响,所以需要用加权平均的方法对历史数据进行处理。时间序列一般反映三种实际变化规律:趋势变化、周期性变化、随机性变化。时间序列分析常用于国民经济宏观控制、区域综合发展规划、企业经营管理、市场潜量预测、农作物病虫灾害预报等。应用经济研究中常用的时间序列分析模型有自回归模型(AR)、移动平均模型（MA）、自回归移动平均模型（ARMA）、自回归综合移动平均模型（ARI-MA）等。

### 二、常用计量经济模型

#### （一）回归模型

回归模型是在分析经济现象因果之间相关关系的基础上，对其统计关系进行定量描述的一种数学模型，用来确定因变量与自变量之间的具体依赖关系。只含有一个回归变量的回归模型称为一元回归模型，含有一个以上回归变量的回归模型称为多元回归模型。在回归分析中，如果假定分析对象可以表示为影响因素的线性函数称为线性回归模型，分析对象可表示为影响因素的非线性函数称为非线性回归模型。回归模型是经济分析中最常用的分析工具之一。

#### （二）联立方程模型

现实经济活动是一个复杂的系统，经济变量之间往往并非单一的单向关系，而是具有错综复杂的多向关系，因此，仅仅采用单一方程模型难以系统、全面、真实地分析描述经济系统的运行过程和机制，需要采用联立方程模型来加以分析。联立方程模型就是依据有关经济理论和一定的假设条件，建立一组方程式来分析描述经济现象之间的关系，也就是由多个互相联系的单一方程构成的计量经济模型。联立方程模型所分析描述的经济变量关系是双向的，某一经济变量决定着其他经济变量的变化，而其自身变化又由其他经济变量所决定。

#### （三）动态计量经济模型

动态计量经济模型用于分析研究因变量受自变量当期值和因变量及自变量各滞后期值影响的各类经济现象或者经济行为，主要有自回归模型与分布滞后模型。自回归模型中的因变量仅是由自变量当期值与因变量若干期滞后值组成，常用于分析研究与自身前期相关的经济现象，即受自身历史因素影响较大的经济现象，如自然资源的开采，对于受社会因素影响较大的经济现象，通常要使用向量自回归模型（VAR）。VAR模型是AR模型的推广，它把系统中每一个内生变量作为系统中所有内生变量的滞后值的函数来构造模型，从而将单变量自回归模型推广到由多元时间序列变量组成的"向量"自回归模型，是处理多个相关经济指标的分析与预测最容易操作的模型之一。在一定的条件下，多元MA和ARMA模型也可以转化成VAR模型。

分布滞后模型主要用于分析经济活动中的滞后效应。在经济运行过程中，某些经济变量不仅受到同期各种因素的影响，而且受到过去某些时期的各种因素的影响，这种现象称为"滞后效应"。这种过去时期的、具有滞后作用的变量就称作"滞后变量"，含有滞后变量的模型称为分布滞后模型。分布滞后模型一般形式为：

$y_t = \alpha + \beta_0 x_t + \beta_1 x_{t-1} + \cdots + \beta_k x_{t-k} + \mu_t$。滞后期长度有限的称为有限分布滞后模型，滞后期长度无限的称为无限分布滞后模型。

# 第四节　运筹学方法

　　运筹学是应用数学的一个分支，通过数学方法来研究解决经济活动中的优化问题。运筹学采用数学模型来描述现实经济系统，然后进行定量分析和比较，来求得合理经济系统运行的最优方案。运筹学常用于解决现实生活中的复杂问题，特别是改善或优化现有系统的效率。运筹学的研究内容十分广泛，主要分支包括数学规划、图论、决策论、对策论、存储论、排队论以及动态系统仿真等，应用经济研究中最常用的运筹学模型是数学规划模型。

　　数学规划模型主要包括线性规划模型、整数规划模型、非线性规划模型、动态规划模型、目标规划模型等，主要用于研究现实经济活动中的最优化问题。

## 一、线性规划模型

　　线性规划模型研究线性约束条件下线性目标函数的极值问题。决策变量、约束条件、目标函数是线性规划的三要素。构建线性规划模型的步骤为：首先列出约束条件及目标函数，然后确定约束条件所表示的可行域，最后在可行域内求目标函数的最优解及最优值。线性支出系统模型（LES）、扩展线性支出系统模型（ELES）、几乎理想的需求系统模型（AIDS）、数据包络分析（DEA）以及采用线性方程求解的可计算一般均衡模型（CGE）等都是线性规划在经济研究中的实际应用。

## 二、非线性规划模型

　　非线性规划模型研究具有非线性约束条件或目标函数的极值问题，即研究一个 $n$ 元实函数在一组等式或不等式的约束条件下的极值问题，且目标函数和约束条件至少有一个是未知量的非线性函数。非线性规划模型可以在实际经济活动中的项目集合选择、物流选址、多目标风险决策等问题中得到应用，采用非线性方程求解的可计算一般均衡模型（CGE）也是其具体应用之一。

## 三、整数规划模型

　　整数规划是一类要求问题中的全部或一部分变量为整数的数学规划，即要求决策变量取整数值的线性规划或非线性规划问题。在整数规划中，如果所有变量都限制为整数，则称为纯整数规划；如果仅一部分变量限制为整数，则称为混合整数规划。整数规划的一种特殊情形是 0－1 规划，它的变量仅限于 0 或 1。在实际研究中,选址问题、计划问题、投资问题、交通线路问题等往往需要使用整数规划。

### 四、动态规划

在现实生活中,有一类经济活动,可将其过程分成若干互相联系的阶段,如水资源规划,往往涉及地表水库调度、水资源量的合理分配、优化调度等问题,在它的每一阶段都需要作出决策,从而使整个过程达到最好的效果。因此,各个阶段决策的选取不能任意确定,它依赖于当前面临的状态,又影响以后的发展。当各个阶段决策确定后,就组成一个决策序列,因而也就确定了整个过程的一条活动路线,这种把一个问题看作是一个前后关联具有链状结构的多阶段过程,就称为多阶段决策过程。即将研究问题分成若干个相互联系的阶段,每个阶段都作出决策,从而使整个过程达到最优化。动态规划就是将多阶段过程转化为一系列单阶段问题逐个求解,以获得决策过程最优化的数学方法。其基本思路是:按时空特点将复杂问题划分为相互联系的若干阶段,在选定系统行进方向之后,逆着这个行进方向,从终点向始点计算,逐次对每个阶段寻找某种决策,使整个过程达到最优化。动态规划方向的选择主要有两种:顺推和逆推。一般来说,若初始状态确定,目标状态不确定,则应考虑采用顺推;反之,若目标状态确定,而初始状态不确定,就应该考虑采用逆推;若初始状态和目标状态都已确定,一般情况下顺推和逆推都可以选用。动态规划一般可分为线性动态规划、区域动态规划、树形动态规划和背包动态规划四类。在实际研究工作中,动态规划常用于如最短路线、库存管理、资源分配、设备更新等的最优化问题。动态规划起初只是应用于多阶段决策问题,现在渐渐发展为解决离散最优化问题的有效手段。

### 建议阅读的文献

1. 平狄克,鲁宾费尔德. 计量经济模型与经济预测[M]. 钱小军等,译. 北京:机械工业出版社,1999.

2. 米红,张文璋. 实用现代统计分析方法及 SPSS 应用[M]. 北京:当代中国出版社,2011.

3. 张莹. 运筹学基础[M]. 北京:清华大学出版社,2010.

4. 张金水. 数理经济学——理论与应用[M]. 北京:清华大学出版社,1998.

# 第七章

## 实地调查与数据处理

实地调查是指通过访谈、观察以及实验等形式搜集原始资料和数据,并对所得资料与数据进行整理、分析、综合,以认识客观经济现象的一种研究方法。常用的调查方法有访问法、观察法和实验法等。通过调查可以比较全面地把握当前的情况,发现问题、判明因果、证实猜测,为进一步的研究或决策提供论点和论据。实地调查具有经济、省时的优点,能在较短的时间内针对面广量大的对象进行调查,获取大量资料数据并进行统计处理;但缺点是由于信息不对称,部分被访者会隐匿信息,降低了所获得资料数据的真实性和可信度。所以,被访者是否愿意并真实地提供信息,是影响实地调查成败的关键因素。

## 第一节　常用实地调查方法

### 一、访问法

访问法是指通过与被访者交谈以获得所需资料的调查方法,它是最常用的一种实地调查方法。按照控制的程度分类,访问法可以分为结构式访问和无结构式访问两种;按同时被访人数分类,访问法可以分为个别访问和集体访问两种;按交流的方式分类,访问法可以分为直接访问和间接访问两种。

结构式访问又称标准化访问,即按照统一设计的、有一定结构的问卷或表格进行的访问调查。无结构式访问又称非标准化访问,即事先不制定问卷或表格,仅根据调查题目或粗线条的访问提纲,由调查者选择有代表性的被访者,与被访者就调查题目进行自由交谈或按提纲进行访问。结构式访问的最大优点是调查结果便于统计分析和对比,是大规模统计调查普遍采用的调查方法。而无结构式访问的优点是访问者可以主动控制访问过程,有助于对问题的深入挖掘,无结构式访问通常用于个案研究和小规模探索性调查。

集体访问通常以座谈会的方式进行,也就是同时邀请若干被调查者,通过集体座谈的方式搜集资料。座谈会的座谈人数一般在10人以下为宜,参加者应具有代表性,应事先向参加者告知座谈会的目的、内容和要求,同时主持人要具备驾驭会议的能力和技巧。

直接访问是访问者与被访者进行面对面的访谈。间接访问就是访问者通过电话或书面问卷等形式对被访者进行访问,包括电话访问、信函调查和网上调查等。

### 二、观察法

观察法是指调查者根据一定的研究目的、研究提纲或观察表,有目的、有计划地在自然条件下,通过感官或借助于一定的科学仪器,观察被试者的表情、动作、语言、行为等,来研究人的心理、社会和经济活动规律,搜集社会生活中人们行为的各种资料。常用的观察法有自然观察法、设计观察法、掩饰观察法、机器观察法等。

自然观察法是指调查员在一个自然环境中(如超市、展示地点、服务中心等)观察被调查对象的行为和举止。设计观察法是指调查机构事先设计模拟一种场景,调查员在一个已经设计好的并接近自然的环境中观察被调查对象的行为和举止。掩饰观察法是在不为被观察人、物或者事件所察觉的情况下监视他们的行为过程。机器观察法是用机器观察取代人员观察,在一些特定的环境中,机器可能比人员更便宜、更精确和更容易完成工作。

观察法在市场调查中被广泛应用,如通过对顾客购物行为的观察,预测某种商品的销售情况;利用交通计数器记录来往车流量来观察空间关系和地点关系;商业门店之间的经营质量评判;等等。

### 三、实验法

实验法是指从影响调查问题的诸多因素中选出一个或若干个因素进行控制,将它们置于一定条件下进行小规模的实验,对市场现象中某些变量之间的因果关系及其发展变化过程加以观察,以测定这些因素间的关系,然后对实验结果做出分析的调查方法。实验法主要用于市场销售实验和消费者使用实验,如在控制商品的价格、品质、包装等条件下,改变其品种、设计、广告、陈列方式等因素时观察其对因变量产生的效果,如食品的品尝会就是实验法的实际应用。

## 第二节　实地调查的步骤

实地调查从确立项目到获得结果,通常可分为准备阶段、调查阶段、分析阶段和总结应用阶段。

### 一、准备阶段

准备阶段是整个实地调查的总体设计阶段,包括的基本内容有:(1)选择、确定研究课题,明确调查任务、目的、意义和要求;(2)确定调查的指导思想,界定相关的基本概念;(3)确定调查的类型、方式和方法;(4)将调查内容具体化和可操作化,确定调查单位和调查指标;(5)制订抽样方案,明确调查地区和调查对象,选择抽样方法;(6)制定调查方案和调查大纲、表格,培训调查人员。

### 二、调查阶段

调查阶段是整个实地调查过程中最重要的阶段,按照准备阶段所做出的调查设计和先期准备实施整个调查任务,根据调查设计所确定的内容和要求,系统、客观、准确地获取资料和数据。

### 三、分析阶段

分析阶段就是在所获得的调查资料的基础上对资料数据进行整理、分类、统计和分析,包括:对资料数据进行检查、核对、分类和汇总,使原始资料数据系统化、条理化,使之适于进一步分析;采用适合的统计方法对资料数据进行统计指标特征的计算,以及采用因素分析、聚类分析、回归分析等分析工具,分析经济因素之间的因果关系和数量联系;从统计及计量经济分析所得到的经济现象的相互联系中入手,进行综合、抽象和理论分析,把握现象的本质特征和必然联系,找出事物的发展趋势和一般规律。

### 四、总结应用阶段

总结应用阶段的主要工作有:撰写调查报告,得出报告调查结果与研究结论,并对研究过程、研究方法、政策建议以及研究中的一些重要问题或下一步研究的设想等进行叙述和说明;将分析研究所获得的成果应用到实际工作或理论领域,如公开出版、学术讨论和交流、政策论证、内部决策咨询简报等;对调查研究的成果进行评估,总结本次调查研究工作中的优缺点,为今后的社会调查研究提供正反两方面的经验。

## 第三节　调查问卷设计

问卷调查是应用经济研究中最常用的实地调查方法,按照问卷填答者的不同,分为自填式问卷调查和代填式问卷调查。自填式问卷调查,按照传递方式的不同,可分为报刊问卷调查、邮政问卷调查和送发问卷调查；代填式问卷调查，按照与被调查者交谈方式的不同，可分为访问问卷调查和电话问卷调查。

调查问卷的设计应该按照以下原则设计编制：第一，主题明确。调查的问题要目的明确，重点突出，没有可有可无的问题。第二，问卷结构合理、逻辑性强。按一定的逻辑顺序排列问题，符合被调查者的思维模式，遵循先易后难、先简后繁、先具体后抽象的设计原则。第三，通俗易懂。问卷应让被调查者一目了然，并愿意如实回答。问卷语气要亲切，符合被调查者的理解能力和认识能力，尽量避免使用专业术语。对敏感性问题采取一定的调查技巧，使问卷具有合理性和可答性，避免主观性和暗示性，以免答案失真。第四，问卷长度适中，回答问卷的时间控制在 20 分钟左右。第五，便于资料的校验、整理和统计。

问卷表的一般结构包括标题、说明、主体、编码号、致谢语和实验记录六项。

## 一、标题

调查问卷应该以明确的调查主题为标题，使调查者和被调查者一目了然，增强双方的兴趣和责任感。

## 二、说明

问卷主体前应有一个说明，说明可以是一封告调查对象的信，也可以是调查指南，说明这个调查的目的、意义，填答问卷的要求和注意事项，同时填上调查单位名称和日期。说明尽量做到言简意赅。访问式问卷的说明一般非常简短；自填式问卷的说明可以长一些，但一般以不超过两三百字为佳。

## 三、主体

即调查问题的问卷表格。

## 四、编码号

对于规模较大且需要计算机统计分析的调查，问卷就要增加一项编码号内容。也就是在问卷主体内容的右边留一统一的空白，顺序编上 1，2，3，⋯的号码（中间用一条竖线分开），用以填写答案的代码。

## 五、致谢语

为了表示对调查对象真诚合作的谢意，应在问卷的末端写上感谢的话。致谢语也可以在说明中表达。

### 六、实验记录

用以记录调查完成的情况和需要复查、校订的问题,格式和要求都比较灵活,调查访问员和校订者均应签写姓名和日期。

# 第四节　调查数据处理

实地调查完成后,就需要对所获得的调查结果进行数据处理。数据处理由数据的预处理和数据的统计分析两部分组成。

### 一、数据的预处理

调查数据的预处理工作通常采用调查和统计软件如 Excel、SPSS、SAS 等来进行。数据的预处理一般包括三个步骤:首先,根据数据类型,进行变量编码;其次,进行问卷的审核及数据录入;最后,对缺失值进行处理。

#### (一)根据数据类型,进行变量编码

数据一般有定类数据、定序数据、定距数据、定比数据四类。定类数据是反映"类别"的数据,如将人民根据民族的不同分为汉族、回族、藏族等;定序数据是反映事物之间等级差别和顺序差别的数据,如满意程度可分为非常满意、比较满意、没有不满、不满意、很不满意等;定距数据是反映事物类别或次序之间距离的数据,如按一定收入差异将劳动者分为较低收入者(1 000～2 000 元)、中等收入者(3 000～5 000 元)、高收入者(5 000 元以上)等;定比数据是反映事物数值的数据,如身高、体重、血压等的连续性数据。

利用计算机进行集成化数据处理时,为了减少工作量,通常用指定数字代码对定类和定序数据进行编码,如将"男性"编码为 1,"女性"编码为 2;根据受教育程度不同编码,文盲半文盲＝1,小学＝2,初中＝3,高中＝4,大学＝5,硕士研究生＝6,博士及以上＝7。

#### (二)问卷的审核及数据录入

在数据录入前需要对问卷进行全面审核。审核包括三方面内容:一是对问卷完整性的审核,如问卷编号、访问地点、访员姓名、访问日期和时间等;二是对问卷主体的核实,如是否有遗漏的问题、每个单选题是否只有一个答案、是否遵循跳跃模式等;三是在必要时进行复核,如被调查者是否真的接受了调查,调查是否按照要求的方式进行,调查是否完整、是否存在其他问题等。

电子表格、数据库和专业统计程序等很多软件都可以用来做问卷数据录入的工作,工作中常用的有 Excel、Access、SPSS、SAS 等。

### (三)缺失值的处理

在问卷调查中,当受访者不能给出一个有效的答案时,这个结果就称为缺失值,通常给缺失值一个特别的编码如 0 或 1。对于缺失值的处理一般有以下几种方法:

(1)将带有缺失值的个案排除在分析数据的范围之外,这是最简单的方法。但是这样做会带来种种弊端,并且有的时候并不能简单地删除缺失值。比如在进行时间序列的分析中,如果要求相邻个案的变量值是在相等的时间间隔内取得的,这时就不能删除带有缺失值的个案。因此,一般情况下会对缺失值进行调整处理,以降低分析结果的失真程度。

(2)调查中的遗漏和无回答造成的缺失值,如果条件许可,一般情况下应当首先考虑追加调查取得数据。

(3)如果追加调查也无法再取得缺失值的数据,这时只用其他回答者的数据对总体参数做出估计,就会有比较大的偏差,可以使用一定的方法对缺失值进行调整。

对缺失值进行调整最常用的方法是采取已有数据计算一个估计值替代缺失值,这种方法大致分为两类:一是采用已有数据的信息或一些反映数据集中趋势的测度替代缺失值;二是建立模型,以模型的预测值作为缺失值的估计值。常用的方法有均值替代法、中位数替代法、线性插值法、随机数据替代法、回归趋势值替代法等。

### 二、数据的统计分析

调查数据的统计分析是根据统计学的理论方法对数据进行定量处理,这种处理分为描述统计和推断统计两类。描述统计是将研究中所得的数据加以整理、归类、简化或绘制成图表,以此描述和归纳数据的特征及变量之间关系的一种最基本的统计方法。推断统计指用概率形式来判断数据之间是否存在某种关系,以及用样本统计值来推测总体特征的方法。

研究中常用的描述统计有:分组[数据分布、交叉表(列联表、频数表)、累计频数表等]、统计图(散点图、条形图、直方图、面积图、控制图、误差图等)、绝对数(总规模、总水平等)、相对数(比例、结构、密度、强度等)、平均数(算术平均数、几何平均数、众数、中位数等)、方差(离散趋势、差异程度)和数据分布的形状(偏度、峰度)等。

研究中常用的推断统计有:抽样技术、参数估计、假设检验、方差分析、相关与回归分析、多元统计分析(聚类分析、因子分析、典型相关分析)、非参数检验、时间序列分析等。

## 建议阅读的文献

1.风笑天.社会调查方法[M].北京:中国人民大学出版社,2012.

2.杜子芳,付海燕.社会经济调查方法与实务[M].北京:原子能出版社,2009.

# 第八章

## 研究项目申请书撰写

### 第一节　高校学生科研项目申报与设计

#### 一、常规科研项目介绍

#### (一)"挑战杯"全国大学生课外学术科技作品竞赛

挑战杯是"挑战杯"全国大学生系列科技学术竞赛的简称,是由共青团中央、中国科协、教育部和全国学联共同主办的全国性的大学生课外学术实践竞赛,竞赛官方网站为 www. tiaozhanbei. net。"挑战杯"竞赛在中国共有两个并列项目:一个是"挑战杯"全国大学生课外学术科技作品竞赛,另一个则是"挑战杯"中国大学生创业计划竞赛。这两个项目的全国竞赛交叉轮流开展,每个项目每两年举办一届。

1. "挑战杯"全国大学生课外学术科技作品竞赛

"挑战杯"全国大学生课外学术科技作品竞赛(以下简称"'挑战杯'竞赛")是由共青团中央、中国科协、教育部、全国学联和地方政府共同主办,国内著名大学、新闻媒体联合发起的一项具有导向性、示范性和群众性的全国竞赛活动。自 1989年首届竞赛举办以来,"挑战杯"竞赛始终坚持"崇尚科学、追求真知、勤奋学习、锐意创新、迎接挑战"的宗旨,在促进青年创新人才成长、深化高校素质教育、推动经济社会发展等方面发挥了积极作用,在广大高校乃至社会上产生了广泛而良好的影响,被誉为当代大学生科技创新的"奥林匹克"盛会。

2. "挑战杯"中国大学生创业计划竞赛

创业计划竞赛起源于美国,又称商业计划竞赛,是风靡全球高校的重要赛事。它借用风险投资的运作模式,要求参赛者组成优势互补的竞赛小组,提出一项具有市场前景的技术、产品或者服务,并围绕这一技术、产品或服务,以获得风险投资为目的,完成一份完整、具体、深入的创业计划。

竞赛采取学校、省(自治区、直辖市)和全国三级赛制,分预赛、复赛、决赛三个赛段进行。

大力实施"科教兴国"战略,努力培养广大青年的创新、创业意识,造就一代符合未来挑战要求的高素质人才,已经成为实现中华民族伟大复兴的时代要求。作为学生科技活动的新载体,创业计划竞赛在培养复合型、创新型人才,促进高校产学研结合,推动国内风险投资体系建立方面发挥出越来越积极的作用。

参赛对象:凡在举办竞赛终审决赛的当年 7 月 1 日以前正式注册的全日制非成人教育的各类高等院校在校中国籍专科生、本科生、硕士研究生和博士研究生(均不含在职研究生)都可申报作品参赛。

参赛作品:申报参赛的作品必须是距竞赛终审决赛当年 7 月 1 日前两年内完成的学生课外学术科技或社会实践活动成果,可分为个人作品和集体作品。申报个人作品的,申报者必须承担申报作品 60% 以上的研究工作,作品鉴定证书、专利证书及发表的有关作品上的署名均应为第一作者,合作者必须是学生且不得超过两人;凡作者超过三人的项目或者不超过三人,但无法区分第一作者的项目,均须申报集体作品。集体作品的作者必须均为学生。凡有合作者的个人作品或集体作品,均按学历最高的作者划分至本专科生、硕士研究生或博士研究生类进行评审。

毕业设计和课程设计(论文)、学年论文和学位论文、国际竞赛中获奖的作品、获国家级奖励成果(含本竞赛主办单位参与举办的其他全国性竞赛的获奖作品)等均不在申报范围之列。

申报参赛的作品分为自然科学类学术论文、哲学社会科学类社会调查报告和学术论文、科技发明制作三大类。自然科学类学术论文作者限本专科生。哲学社会科学类社会调查报告和学术论文限定在哲学、经济、社会、法律、教育、管理六个学科内。科技发明制作类分为 a、b 两类:a 类指科技含量较高、制作投入较大的作品;b 类指投入较少,且为生产技术或社会生活带来便利的小发明、小制作等。

**(二)研究生创新基金**

为培养和加强研究生科研创新意识、创新思维和创新能力,鼓励和支持在校研究生开展具有创新性、挑战性和高质量的基础研究或应用研究,高校设立的研究生科研与创新计划项目。申报主要对象为全日制硕博连读生(博)与博士研究生、全日制硕博连读生(硕)、全日制硕士研究生。项目申报评审标准主要为以下方面:

(1)学术思想新颖,研究目标明确,研究内容具体,研究方法和技术路线合理可行,预期能取得一定创新性成果;

(2)学科交叉与融合的创新研发构想与实践成果;

(3)有望成为我校认定的 B 级及以上学术成果。

项目申报资助经费一般为 2 000～10 000 元,项目申请人可根据研究需要提出申请经费金额;硕士研究生项目申报建设期限一般为 1 年,硕博连读生与博士研究生项目申报建设期限一般为 2 年;最终项目批准号、资助经费、结项要求、项目成果资金资助标识等以学校立项文件为准。

**二、常规科研项目设计**

结合各类科研项目的申报要求,本部分针对项目设计的核心内容进行系统性梳理,便于高校学生开展相关申报活动。

**(一)"挑战杯"全国大学生课外学术科技作品竞赛的项目设计**

(1)撰写目的和基本思路;

(2)科学性、先进性及独特之处;

(3)应用价值和现实意义;

(4)作品摘要;

(5)获奖情况及评定结果;

(6)调查方式;

(7)同类课题研究水平概述;

(8)研究生科研创新计划项目。

**(二)研究生科研创新计划项目**

(1)基本数据表。

申请人信息、项目成员信息

(2)课题设计论证。

本项目的理论意义和实践意义、国内外研究现状分析(附主要参考文献目录);

本课题研究的主要内容和重点难点、主要观点和创新之处、基本思路和方法。

(3)完成课题研究的条件和保证。

负责人和主要成员曾完成的重要研究课题、出版的著作、发表的论文;

完成本课题研究的时间保证,资料准备等科研条件;

预期研究计划及阶段性研究成果。

(4)经费预算。

(5)项目摘要。

# 第二节　国家自然科学基金项目介绍

**一、项目类型**

国家自然科学基金主要支持基础研究,逐渐形成和发展了由研究项目、人才项目和环境条件项目三大系列组成的资助格局,在推动中国自然科学基础研究的发展,促进基础学科建设,发现、培养优秀科技人才等方面取得了巨大成绩。国家自然科学基金重大研究计划是现阶段国家自然科学基金中层次最高、资助力度最大、权威性最强的项目类别,主要围绕国家重大战略需求和重大科学前沿,凝练科学目标、凝聚优势力量,形成具有相对统一目标或方向的项目集群,提升中国基础研究的原始创新能力,为国民经济、社会发展和国家安全提供科学支撑。自然科学基金按照资助类别可分为面上项目、重点项目、重大项目、重大研究计划、国家杰出青年科学基金、海外和港澳青年学者合作研究基金、创新研究群体科学基金、国家基础科学人才培养基金、专项项目、联合资助基金项目以及国际(地区)合作与交流项目等。所有这些资助类别各有侧重、相互补充,共同构成当前的自然科学基金资助体系。

### (一)面上项目

面上项目是自然科学基金资助体系中的主要部分,包括自由申请、青年科学基金和地区科学基金三个亚类,其资助经费占自然科学基金项目总经费的 60% 以上。该机构主要支持科技工作者在国家自然科学基金资助范围内自由选题,开展创新性的科学研究,资助期限一般为 3 年。

### (二)重点项目

重点项目是国家自然科学基金资助体系中的另一个重要层次,主要支持科技工作者结合国家需求,把握世界科学前沿,针对中国已有较好基础和积累的重要研究领域或新学科生长点开展深入、系统的创新性研究工作。重点项目基本上按照五年规划进行整体布局,每年确定受理申请的研究领域,发布《指南》引导申请;重点项目的申请主要体现有限目标、有限规模和重点突出的原则,重视学科交叉与渗透,利用现有重要科学基地的条件。一般情况下,由一个单位承担,确有必要时,合作研究单位不超过 2 个。研究期限一般为 4 年(特殊说明的除外)。

### (三)人才项目

人才项目是自然科学基金委资助体系中的另一重要部分,主要由国家杰出青年科学基金(含外籍)、海外青年学者合作研究基金、香港和澳门青年学者合作研究基金、创新研究群体科学基金和国家基础科学人才培养基金组成,包括:

(1)国家杰出青年基金;

(2)国家杰出青年基金(外籍);

(3)海外青年学者合作研究基金;

(4)香港、澳门青年学者合作研究基金;

(5)创新研究群体科学基金;

(6)国家基础科学人才培养基金。

## 二、项目申报流程

自然科学基金全面引入和实施了先进的科研经费资助模式和管理理念,确立了"依靠专家、发扬民主、择优支持、公正合理"的评审原则,建立了"科学民主、平等竞争、鼓励创新"的运行机制,充分发挥了自然科学基金对我国基础研究的"导向、稳定、激励"的功能;健全了决策、执行、监督、咨询相互协调的科学基金管理体系,形成了以《国家自然科学基金条例》为核心,包括组织管理规章、程序管理规章、经费管理规章、监督保障规章在内的规章制度体系。强调更加聚焦基础、前沿、人才,更加注重创新团队和学科交叉,全面培育源头创新能力。

### (一)申请与评审

依托单位的科学技术人员具备下列条件的,可以申请国家自然科学基金资助:

具有承担基础研究课题或者其他从事基础研究的经历;

具有高级专业技术职务(职称)或者具有博士学位,或者有 2 名与其研究领域相同、具有高级专业技术职务(职称)的科学技术人员推荐。

从事基础研究的科学技术人员具备前款规定的条件、无工作单位或者所在单位不是依托单位的,经与在基金管理机构注册的依托单位协商,并取得该依托单位的同意,可以依照本条例规定申请国家自然科学基金资助。

### (二)申请材料的初步审查

基金管理机构应当自基金资助项目申请截止之日起 45 日内,完成对申请材料的初步审查。符合本条例规定的,予以受理,并公布申请人基本情况和依托单位名称、申请基金资助项目名称。

### (三)评审

基金管理机构对已受理的基金资助项目申请,从同行专家库中随机选择 3 名以上专家进行通讯评审,再组织专家进行会议评审;对因国家经济、社会发展特殊需要或者其他特殊情况临时提出的基金资助项目申请,可以只进行通讯评审或者会议评审。评审专家对基金资助项目申请从科学价值、创新性、社会影响以及研究方案的可行性等方面进行独立判断和评价,提出评审意见。评审专家对基金资助项目申请提出评审意见时,考虑申请人和参与者的研究经历、基金资助经费使用计划的合理性、研究内容获得其他资助的情况、申请人实施基金资助项目的情况以及继续予以资助的必要性。

### (四)会议评审

会议评审提出的评审意见应当通过投票表决。对通讯评审中多数评审专家认为不应当予以资助,但创新性强的基金资助项目申请,经 2 名参加会议评审的评审专家署名推荐,可以进行会议评审。

**（五）资助和不资助决定**

1. 资助决定

决策依据：基金管理机构在决定资助时，主要依据是同行专家的评审意见和专家委员会的审议结果。这些意见和结果综合考虑了项目的创新性、科学性、可行性、预期效益以及申请人的研究基础和团队实力等因素。

通知与公布：对于决定予以资助的项目，基金管理机构会以书面通知的形式告知申请人和依托单位，并公布相关信息，包括申请人基本情况、依托单位名称、申请项目名称、拟资助的经费数额等。

合同签订与拨款：资助决定公布后，申请人和依托单位需要与基金管理机构签订项目合同，明确双方的权利和义务。合同签订后，基金管理机构会根据合同约定的时间和方式向依托单位拨款，用于支持项目的实施。

2. 不资助决定

决策依据：与资助决定类似，不资助决定也是基于同行专家的评审意见和专家委员会的审议结果。如果申请项目在创新性、科学性、可行性等方面存在明显不足，或者与基金资助范围不符，那么很可能会被拒绝资助。

通知方式：对于未获得资助的申请，基金管理机构通常会通过邮件或在线系统向申请人发送不资助通知。通知中可能会简要说明不资助的原因，但通常不会提供详细的评审意见。

后续措施：申请人可以根据不资助通知中的简要说明，结合自身的科研经历和研究方向，进行反思和改进。同时，也可以考虑寻求其他科研资金渠道或与其他研究机构合作，以推动项目的进一步发展。

值得注意的是，国家自然科学基金的资助决定并不是唯一的评价标准。即使未获得资助，申请人仍然可以继续深入研究，并尝试通过其他途径获得资金支持。

**（六）复审**

申请人对基金管理机构作出的不予受理或者不予资助的决定不服的，可以自收到通知之日起 15 日内，向基金管理机构提出书面复审请求。对评审专家的学术判断有不同意见，不得作为提出复审请求的理由。

基金管理机构对申请人提出的复审请求，应当自收到之日起 60 日内完成审查。认为原决定符合本条例规定的，予以维持，并书面通知申请人；认为原决定不符合本条例规定的，撤销原决定，重新对申请人的基金资助项目申请组织评审专家进行评审、作出决定，并书面通知申请人和依托单位。

**（七）资助与实施**

依托单位和项目负责人自收到基金管理机构基金资助通知之日起 20 日内，按照评审专家的评审意见、基金管理机构确定的基金资助额度填写项目计划书，报基金管理机构核准。

依托单位和项目负责人填写项目计划书,除根据评审专家的评审意见和基金管理机构确定的基金资助额度对已提交的申请书内容进行调整外,不得对其他内容进行变更。基金管理机构对本年度予以资助的研究项目,按照《中华人民共和国预算法》和国家有关规定,及时向国务院财政部门申请基金资助项目的预算拨款。

### 三、项目申请书

熟悉国家自然科学基金申请书填报的主要内容,并掌握各部分内容的规范要求,对写出一份高质量申请书具有重要帮助。项目申请书主要包括以下内容:

(1)封面。

(2)基本信息。

(3)科学问题属性。

(4)中英文摘要。

(5)主要参与者。

(6)资金预算表。

(7)预算说明书。

(8)申请书正文。

①立项依据与研究内容(建议 8 000 字以内):

A. 项目的立项依据(研究意义、国内外研究现状及发展动态分析,须结合科学研究发展趋势来论述科学意义;或结合国民经济和社会发展中迫切需要解决的关键科技问题来论述其应用前景。附主要参考文献目录)。

B. 项目的研究内容、研究目标,以及拟解决的关键科学问题(此部分为重点阐述内容)。

C. 拟采取的研究方案及可行性分析(包括研究方法、技术路线、实验手段、关键技术等说明)。

D. 本项目的特色与创新之处。

E. 年度研究计划及预期研究结果(包括拟组织的重要学术交流活动、国际合作与交流计划等)。

②研究基础与工作条件:

A. 研究基础(与本项目相关的研究工作积累和已取得的研究工作成绩)。

B. 工作条件(包括已具备的实验条件,尚缺少的实验条件和拟解决的途径,包括利用国家实验室、国家重点实验室和部门重点实验室等研究基地的计划与落实情况)。

C. 正在承担的与本项目相关的科研项目情况(申请人正在承担的与本项目相

关的科研项目情况,包括国家自然科学基金的项目和国家其他科技计划项目,要注明项目的资助机构、项目类别、批准号、项目名称、获资助金额、起止年月、与本项目的关系及负责的内容等)。

D. 正在承担的与本项目相关的科研项目情况(申请人正在承担的与本项目相关的科研项目情况,包括国家自然科学基金的项目和国家其他科技计划项目,要注明项目的资助机构、项目类别、批准号、项目名称、获资助金额、起止年月、与本项目的关系及负责的内容等)。

E. 完成国家自然科学基金项目情况[对申请人负责的前一个已资助期满的科学基金项目(项目名称及批准号)完成情况、后续研究进展及与本申请项目的关系加以详细说明。另附该项目的研究工作总结摘要(限 500 字)和相关成果详细目录]。

③其他需要说明的情况:

A. 申请人同年申请不同类型的国家自然科学基金项目情况(列明同年申请的其他项目的项目类型、项目名称信息,并说明与本项目之间的区别与联系)。

B. 具有高级专业技术职务(职称)的申请人是否存在同年申请或者参与申请国家自然科学基金项目的单位不一致的情况;如存在上述情况,列明所涉及人员的姓名,申请或参与申请的其他项目的项目类型、项目名称、单位名称、上述人员在该项目中是申请人还是参与者,并说明单位不一致的原因。

C. 具有高级专业技术职务(职称)的申请人是否存在与正在承担的国家自然科学基金项目的单位不一致的情况;如存在上述情况,列明所涉及人员的姓名,正在承担项目的批准号、项目类型、项目名称、单位名称、起止年月,并说明单位不一致的原因。

D. 其他。

(9)个人简历。

(10)附件。

# 第三节 国家社会科学基金项目介绍

## 一、项目类型

国家社会科学基金与国家自然科学基金一样,是中国在科学研究领域支持基础研究的主渠道,面向全国,重点资助具有良好研究条件、研究实力的高等院校和科研机构中的研究人员。国家社科基金设有马克思主义·科学社会主义、党史·党建、哲学、理论经济、应用经济学、政治学、社会学、法学、国际问题研究、中国历史、世界历史、考古学、民族问题研究、宗教学、中国文学、外国文学、语言学、新闻学与传播学、图书馆·情报与文献学、人口学、统计学、体育学、管理学 23 个学科规划评审小组以及教育学、艺术学、军事学三个单列学科，已形成包括重大项目、重点项目、特别委托项目、后期资助项目、西部项目、中华学术外译项目六个类别的立项资助体系。国家社会科学基金还注重扶植青年社科研究工作者和边远、民族地区的社会科学研究。

（1）重大项目，国家社科基金重大项目是国家社科基金项目资助体系中层次最高、资助力度最大、权威性最强的项目类别，主要包括应用对策类、基础理论类和跨学科类三大类。应用对策类重大项目主要资助研究我国政治、经济、文化和社会发展中具有全局性、战略性、前瞻性的重大理论和实际问题，为党和政府决策服务；基础理论类重大项目主要支持对弘扬民族精神、传承民族文化、促进学术发展起关键作用的基础理论研究课题，着力推出具有原创性或开拓性的经典之作；跨学科类重大项目旨在通过不同学科的视角、知识、方法和人员的交叉融合，研究解决单一学科难以解决的复杂性、前沿性、综合性问题。资助强度一般为 60 万～80 万元/项，必备申报条件包括：具有正高级专业技术职称或者厅局级以上（含）领导职务，子课题负责人须具有副高级（含）以上职称。

（2）重点项目，围绕党和国家工作大局、经济社会发展重要理论和实践问题、哲学社会科学重要基础和前沿问题开展原创性研究，鼓励学科交叉。申请人应具有较好的前期研究基础，预期成果体量和质量应高于一般项目。申请人需具有副高级以上（含）专业技术职称（职务）或具有博士学位。申请人可根据自身研究基础、前期成果、课题论证质量、预期研究成果体量等，选择申报重点项目或一般项目，资助强度一般为 35 万元。

（3）一般项目，立足各学科的历史、理论、方法和应用，面向经济社会发展需求和学科建设与发展实际，体现申请人的学术素养，围绕对于推进理论创新和学术创新具有支撑作用的一般性基础问题、对于推动经济社会发展实践具有指导意义的专题性应用问题，开展具有学科视角的创新性研究。申请人需具有副高级以上（含）专业技术职称（职务）或具有博士学位，资助强度为 20 万元。

（4）青年项目，旨在加强对青年人才的扶持和培养，发挥青年学者优势，推进知识创新、理论创新、方法创新和应用创新。男性申请人年龄不超过 35 周岁，女性申请人年龄不超过 40 周岁。青年项目资助强度为 20 万元。

（5）西部项目，立足西部地区实际和优势，资助推进西部地区经济持续健康发展、社会和谐稳定，促进民族团结、维护祖国统一，弘扬民族优秀文化、保护民间文化遗产，开展周边毗邻区域国别研究等方面的课题，支持西部地区学科建设、人才培养和科研能力提升。申请单位限位于内蒙古自治区、广西壮族自治区、海南省、重庆市、四川省、贵州省、云南省、西藏自治区、陕西省、甘肃省、青海省、宁夏回族自治区、新疆维吾尔自治区 13 个省（自治区、直辖市）和新疆生产建设兵团，以及其他参照西部项目执行的部分科研单位。西部项目资助强度为 20 万元。

国家社科基金设立重大项目、重点项目、一般项目和青年项目，每年评审一次。成果形式为研究报告、论文、专著等，除重要的基础研究外，鼓励以研究报告、论文为项目的最终成果形式。少数重要研究课题，以国家社科基金特别委托项目的方式，经全国社科规划领导小组负责人审定，单独立项，委托研究。国家社会科学基金年度项目完成时限：基础理论研究一般为 3～5 年，应用对策研究一般为 2～3 年。

### 二、项目申报流程

国家社会科学基金项目实行同行专家评审制度，坚持科学、公平、公正的原则。会议评审按专家主审、小组讨论推荐、大组讨论投票、签署意见等规定程序进行。(1)专家主审，主审专家负责审阅并介绍所评课题内容及申请人的学术背景，作出实事求是、客观公允的分析评价，主要包括选题的意义与价值、论证的科学性与可行性、研究基础和研究实力、课题组构成等。(2)小组讨论推荐，主审专家之外的小组成员要审阅本组全部材料并发表意见，以协商或投票（三分之二以上多数同意）方式向大组推荐课题。小组推荐课题时要集体酝酿讨论，发扬学术民主，避免门户之见。(3)大组讨论投票，小学科可设一个大组。超过 120 个评审课题的学科，可根据实际情况分成若干讨论投票组。参加讨论投票的专家对本组的立项申请书都要进行审阅。投票须有三分之二以上学科评审组成员出席方能进行，并由出席成员的三分之二以上多数通过。未达到三分之二以上票数的可进行第二轮投票，仍未达到规定票数的不再进行第三次投票。学科秘书不能替代专家填划投票表。学科秘书现场收票、唱票、计票，评审专家代表监票，当场宣布投票结果和得票数。投票汇总结果须由学科正、副组长和学科秘书签字后有效。具体流程如下：

#### （一）规划和选题

国家社科基金研究课题的选题，主要以发布国家哲学社会科学研究五年规划要点和年度课题指南的方式进行。规划要点发布时间在规划起始年的第二季度；年度课题指南发布时间在上一年的第四季度。规划要点和年度课题指南的制定，由全国社科规划办首先向有关部门广泛征集研究课题，并委托各学科规划评审组提出建议，经全国社科规划办汇总整理，报全国社科规划领导小组审定。

国家社科基金项目的选题，要以我国改革开放和社会主义现代化建设中的重大理论问题和实践问题作为主攻方向，积极探索中国特色社会主义经济、政治、文化的发展规律，注重基础研究、新兴边缘交叉学科和跨学科综合研究，积极推进理论创新,支持具有重大价值的历史文化遗产的抢救和整理工作。

**(二)申报和评审**

国家社科基金项目自年度课题指南发布之日起开始受理申报,期限一般为 3 个月。

申请国家社科基金项目者应符合以下条件:

申请重点项目和一般项目,应具有副高级以上专业技术职务(或相当于副高级以上专业技术职务);申请重点项目,必须是完成过省、部级以上社科研究项目的项目负责人。

申请人必须真正承担和负责组织、指导项目的实施;不能从事实质性研究工作的,不得申请。

申请人当年只能申报一个项目,过去负责的国家社科基金项目已结项。

申请青年项目者(包括课题组成员)年龄不得超过 39 周岁(以申报截止日期为准),不具备副高级以上专业技术职务的,须由两名具有正高级专业技术职务的同行专家推荐。

申请自筹经费项目,须有出资单位的经费资助证明。

**(三)审核**

申请人可由所在单位向所在省社科规划办或在京委托管理机构索取(或从全国社科规划办信息网站下载)《国家社会科学基金项目申请书》及有关材料,并根据课题指南和申请书的要求认真填写,按规定时间送所在单位审核。项目申请人所在单位按照有关规定进行审查,签署意见,并承诺提供研究条件和承担项目的管理任务及信誉保证。在申报期内,将本单位审查合格的申请书统一送交省社科规划办或在京委托管理机构审核。省社科规划办和在京委托管理机构负责审核申请书和申请人所在单位意见,并签署意见,按有关规定上报全国社科规划办。

**(四)专家评审**

全国社科规划办在全国社科规划领导小组的领导下,负责组织国家社科基金项目的评审。

资格审查。社科基金规定,对各项内容进行复查,合格者,进入初评。

初评。将《国家社会科学基金项目申请书》分送若干名同行专家评审。专家依据统一制定的评估指标体系写出评审意见并评分,在规定时限内返回评审意见。全国社科规划办按评审意见和分值择优选出拟立项数三倍的申请书,提供会议评审。

会议评审。进入会议评审的申请书,先由学科评审小组筛选提出建议立项名单,然后在该学科评审组全体会议上介绍情况,进行充分讨论,最后以无记名投票方式产生拟立项项目。

对拟立项项目,由主审专家签署建议立项意见,学科评审组提出资助经费建议,最后由学科评审组正副组长签署意见,交全国社科规划办。

**(五)复核审批**

全国社科规划办对会议评审结果进行复核,报全国社科规划领导小组审批。

**(六)经费的管理与使用**

项目负责人接到立项通知后,填写回执,按批准的资助金额编制开支计划,在一个月内寄回全国社科规划办。项目负责人在本单位科研管理部门和财务管理部门的指导下,按计划自主支配项目经费。

**(七)中期管理**

省社科规划办或在京委托管理机构负责一般项目、青年项目和自筹经费项目的年度检查。在检查的基础上,对当年在研项目的进展情况和已完成项目的情况撰写年度检查报告,填写《国家社科基金项目执行情况统计表》。

**(八)成果鉴定、验收和结项**

为科学地评估国家社科基金项目研究成果的质量,项目最终成果须进行鉴定,通过鉴定后予以验收结项。重点项目和其他项目中政治性、政策性强的最终成果一般须经鉴定结项后,方可出版。

### 三、项目申请书

国家社会科学基金项目申请表分为"国家社会科学基金项目申请书"和"国家社会科学基金项目课题论证活页"两类。申请书供二审专家评委评审使用,活页供全国通信评审同行专家使用。申请书的主要内容如下,活页与申请书中的"课题设计论证"部分基本一致。

(1)封面。

(2)数据表。

(3)课题设计论证。

本表参照以下提纲撰写,突出目标导向、问题意识、学科视角,要求逻辑清晰、层次分明、内容翔实、排版规范。

A.[选题依据]国内外相关研究的学术史梳理及研究进展(略写);相对于已有研究特别是国家社科基金同类项目的独到学术价值和应用价值。

B.[研究内容]本课题的研究对象、主要目标、重点难点、研究计划及其可行性等。(框架思路要列出提纲或目录)

C.[创新之处]在学术观点、研究方法等方面的特色和创新。

D.[预期成果]成果形式、宣传转化及预期学术价值和社会效益等。(略写)

E.[参考文献]开展本课题研究的主要中外参考文献。(略写)

（4）研究基础。

本表参照以下提纲撰写，要求填写内容真实准确。

A.［学术简历］申请人主要学术简历，在相关研究领域的学术积累和贡献等。

B.［前期成果］申请人前期相关代表性研究成果及其与本研究的学术递进关系。

C.［承担项目］申请人承担的各级各类科研项目情况，包括项目名称、资助机构、资助金额、结项情况、研究起止时间等。

D.［与已承担项目或博士论文的关系］凡以各级各类项目或博士学位论文（博士后出站报告）为基础申报的课题，须阐明已承担项目或学位论文（报告）与本课题的联系和区别。（略写）

（5）经费概算。

（6）申请人所在单位审核意见。

（7）省级社科管理部门或在京委托管理机构审核意见。

（8）评审意见。

# 第四节　省部级项目介绍

## 一、教育部人文社会科学项目

教育部社科项目是教育部面向全国普通高等学校设立的人文社会科学研究项目。教育部社科项目是加强基础研究，强化应用研究，鼓励对策研究，支持传统学科、新兴学科和交叉学科，注重成果转化，大力提高科研质量和创新能力的项目。

课题要求：（1）课题具有重要的学术价值、理论意义或现实意义。鼓励面向国家经济社会发展、具有重要理论和现实意义的课题，鼓励理论联系实际、研究新情况、总结新经验、回答新问题的理论探索课题。（2）课题具有学术前沿性，预期能产生具有创新性和社会影响的研究成果。鼓励深入的基础理论研究和有针对性的应用研究课题，鼓励新兴边缘学科研究和跨学科的交叉综合研究课题。（3）课题研究方向正确，内容充实，论证充分，拟突破的重点难点明确，研究思路清晰，研究方法科学、可行。（4）课题申请人及课题组成员对申报课题有一定的研究基础；有相关研究成果和资料准备；有完成研究工作所必须具备的时间和条件。（5）申请经费及经费预算安排比较合理。

课题分类：（1）重大课题攻关项目。以课题组为依托，以解决国家经济建设与社会发展过程中具有前瞻性、战略性、全局性的重大理论和实际问题，以及人文社会科学基础学科领域重大问题为研究内容的项目。选题由教育部向全国高等学校、科研院所及实际应用部门征集,面向全国高等学校招标。(2)基地重大项目。指为普通高等学校人文社会科学重点研究基地设立的、围绕基地学术发展方向进行研究的重大项目。选题由重点研究基地根据基地中长期规划确定,并经基地学术委员会审议通过后,报教育部统一组织招投标。(3)一般项目。①规划项目,含规划基金项目、博士点基金项目、青年基金项目,经费由教育部资助;②专项任务项目,经费由申请者从校外有关部门和企事业单位自筹。选题由申请人根据教育部社科研究中长期规划和个人前期研究积累自行设计。鼓励申请人从实际应用部门征得选题并获得经费资助。

最终成果形式可以是论文、专著、咨询报告、软件、数据库、专利等;除学术成果本身外,项目责任人及课题组成员结合项目研究进行的课程建设、教材编写、学术报告、咨询服务及其实际效果和社会影响等,一并纳入验收范围综合考虑。

### 二、省级社会科学基金项目

以上海为例,上海市哲学社会科学基金项目是上海市为深入推进社会科学研究,提高社会科学研究水平而设立的基金项目。其旨在资助上海市范围内的学者和研究机构开展具有创新性、前瞻性和实用性的社会科学项目,以促进社会科学研究的繁荣和发展,为上海市乃至全国的经济社会发展提供理论支持和决策参考。项目涉及的领域和研究方向非常广泛,包括哲学、经济学、法学、政治学、社会学、心理学、历史民族学等多个学科领域。在研究方向上,项目鼓励申报者从国家战略、地方发展和民生问题等角度出发,紧密结合当前国家和上海市的发展大局,深入研究具有现实意义和理论价值的课题。项目的申报流程分为以下几个步骤:首先,申报者须根据项目指南确定研究课题,并按照要求填写项目申请书;其次,申报者须将申请书提交给所在单位进行审核,单位审核通过后,统一向基金项目管理部门提交申请;最后,基金项目管理部门将组织专家对申报项目进行评审,根据评审结果确定资助项目。

在项目申报过程中,申报者须注意以下事项:一是课题名称应简洁明了,能够准确反映课题研究内容;二是课题研究计划应详细、具体,包括研究目标、研究方法、研究进度安排等;三是申报者须如实填写个人和单位相关信息,确保信息真实可靠。

项目的资助金额根据课题的实际情况和研究难度而定,一般为数万至数十万元不等。项目执行时间为一年或两年,具体时间安排根据课题研究进度和要求确定。

申报者需按照要求提交课题研究成果,包括研究报告、论文、专著等。

### 三、农业农村相关决策咨询课题

以习近平新时代中国特色社会主义思想为指导，全面贯彻落实党的二十大和二十届二中全会精神，深入贯彻落实习近平总书记关于"三农"工作的重要论述，落实中央经济工作会议、中央农村工作会议和中央1号文件部署，紧紧围绕有力有效推进乡村全面振兴、加快建设农业强国、加快农业农村现代化，设置历年软科学研究课题。

课题研究的基本定位是政策性研究，紧紧围绕党中央、国务院关于"三农"工作的决策部署开展研究，提出政策建议。课题研究既要突出战略性、前瞻性和创新性，又要注重政策措施的针对性和可操作性，坚持问题导向，强化实地调查、案例研究和统计分析，避免从概念到概念，避免面面俱到，力争将问题研究透彻，形成具有较高决策参考价值的研究成果。

研究课题设置为开放性命题、规定性命题和自主性命题三大类。开放性命题请申请人按照研究目录给定的方向，自拟题目、自选角度进行申报；规定性命题请申请人按照研究目录给定的题目进行申报。自主性命题请申请人结合中央部署要求和"三农"发展需要，自主确定研究方向和课题题目。申请课题如果没有明确的研究对象和问题指向，则不予受理。

课题申请条件：各类教学或科研单位工作人员，具备副高级以上（含）专业技术职称（职务），或者具有大学本科以上学历并有两名具有正高级专业技术职称（职务）的同行专家书面推荐；具备扎实的理论知识和实践经验，在申报课题研究领域有较好的工作基础，具有独立开展研究和组织开展研究的能力；具备按时完成课题研究的物质技术条件、手段和时间保证。自主性命题课题鼓励35岁以下青年专家申请，申请人条件可放宽至取得博士学位的研究人员。课题申请单位应符合以下条件：在相关领域具有较雄厚的学术资源和研究实力，能够提供开展研究的必要条件；对相关材料真实性进行审核；承担课题项目管理和经费管理职责并承诺信誉保证。

软科学研究课题原则上为年度课题，根据研究任务安排研究经费5万～10万元。课题经费应按照相关财务制度规定管理和使用，属于政府购买服务的，按照政府购买服务管理有关规定和要求支付。自主性命题课题研究以自筹经费为主。

根据服务决策的需求，对课题设置了不同研究时限，具体时限将在课题任务书中明确，年度课题原则上应于年底前结题。课题主持人要严格按时限要求提交中期报告和最终研究成果，最终研究成果包括课题报告和3 000字左右的决策参考报告。研究成果的著作权归农业农村部乡村振兴专家咨询委员会所有，包括但不限于作品的发表权、署名权、修改权、复制权、发行权、信息网络传播权、汇编权和其他权利。农业农村部乡村振兴专家咨询委员会办公室将定期调查研究进展,组织开展成果结题验收,调查成果采纳情况将作为评奖的重要依据,验收结论将作为主持人今后申请课题的重要参考。

### 四、地方政府相关决策咨询课题

地方政府相关决策咨询课题,主要是根据政府发展需要而设定的课题需求而设立的课题,以上海市人民政府决策咨询研究基地专项课题为例。

(1)申报对象:①具有较高的政治素质、熟悉决策咨询研究工作,并具有与所申报课题相关的研究基础;②上海市人民政府决策咨询领军人物工作室首席专家及团队成员请积极申报;③2024年度市政府决策咨询研究重大课题和联合招标专项课题的负责人不得申请。

(2)申报方式及程序:①采用网上申报方式,无须提交纸质材料。②申请人通过登录上海市人民政府发展研究中心网站(http://www.fzzx.sh.gov.cn)—"课题申报"栏目—"决策咨询研究项目管理平台"进行申报。

(3)申报步骤:①申请人注册并完成实名认证(已注册用户可直接登录);②申请人填写提交申报材料;③申请人所在单位(学校)完成网上审核。

(4)申报数量限制:同一申请人限申报1项。

(5)在线填写要求:申请人应仔细审题并认真阅读填报说明;申报材料应简明扼要,突出重点和关键,其中"课题论证活页"部分不得出现课题申请人及成员的姓名和单位,字数不超过3 000字,图表不超过规定尺寸。

(6)申报受理后,由上海市人民政府发展研究中心组织专家评审。

(7)经费资助,每项资助人民币3万元至5万元。

# 第五节　其他项目介绍

## 一、中国博士后科学基金项目

中国博士后科学基金是国家专门为在站博士后研究人员设立的科研基金,旨在促进具有发展潜力和创新能力的优秀博士后研究人员在站期间开展创新研究,培养造就一支高层次创新型博士后人才队伍。中国博士后科学基金经费主要来源于中央财政拨款。

面上资助是给予博士后研究人员在站期间从事自主创新研究的科研启动或补充经费。由专家通讯评审确定资助对象。资助标准分为自然科学和社会科学两类。自然科学资助标准为8万元,社会科学资助标准为5万元。对从事基础研究的博士后研究人员适当倾斜。在面上资助中实施"地区专项支持计划",对在西部地区、东北地区及经济欠发达地区、边疆民族地区和革命老区博士后设站单位从事研究工作的博士后研究人员予以倾斜资助。"地区专项支持计划"不面向以上地区军队设站单位、中央部属高校、一流高校、高校中的一流学科及中国科学院研究单位的博士后研究人员;优先资助申请项目与上述地区经济社会发展密切相关的博士后研究人员。"地区专项支持计划"与同批次面上资助工作一同组织开展,申请人不得同时申请。2024年资助约300人(2批面上资助各约150人),资助标准为自然科学8万元,社会科学5万元。

申请条件:(1)具备良好思想品德、较高学术水平和较强科研能力,无科研失信行为。(2)进站18个月内可多次申请,每站只能获资助一次。(3)申请项目应具有基础性、原创性和前瞻性,具有重要科学意义和应用价值。项目非涉密,且为本人承担。(4)入选国家各类博士后国(境)外派出项目的人员(学术交流项目除外),在完成派出工作或提前结束国(境)外研究工作后,继续在国内开展博士后研究工作的,由所在设站单位出具证明后可申请。

表 8—1 面上资助评审指标

| 序号 | 指标项 | 评价内容 | 分值 |
|---|---|---|---|
| 1 | 学术绩效 | 已取得的科研成果 | 30 分 |
| 2 | 创新能力 | 研究内容的创新性<br>选题的自主性<br>学科交叉情况 | 60 分 |
| 3 | 研究基础和条件保障 | 研究基础和平台情况 | 10 分 |

## 二、横向咨询项目

横向咨询项目一般是地方政府、企业为解决工作难题或科研技术难关而制定的咨询服务项目,通过提供项目经费与研发酬劳实现项目委托方与受托方的直接合作。横向咨询项目主要是研究人员直接与委托单位或部门签订立项合同,由委托方直接支付课题经费,被委托方直接按照要求进行科学研究。横向咨询项目不经过中间组织环节,因而具有横向性。

## 建议阅读的文献

1. 文传浩,夏宇,杨绍骏. 国家社科基金项目申报规范、技巧与案例[M]. 成都:

西南财经大学出版社,2023.

2. 王来贵,朱喜旺. 国家自然科学基金项目申请之路[M]. 北京:科学出版社,2024.

# 第九章

## 常用数量分析方法与模型

### 第一节 回归方法

#### 一、线性回归

线性回归(Linear Regression)的核心思想是寻找最佳拟合直线(或超平面),使得预测值与实际值之间的残差(误差)最小化,也是回归到大概率发生的状态。这里的"最佳拟合"是通过最小化残差平方和来定义,这种方法被称为最小二乘法。在线性回归中,数据使用线性预测函数来建模,并且未知的模型参数也是通过数据来估计的,这些模型被称作线性模型。最常用的线性回归建模是给定 $x$ 值的 $y$ 的条件均值是 $x$ 的仿射函数。线性回归模型也可以是一个中位数或一些其他的给定 $x$ 的条件下 $y$ 的条件分布的分位数作为 $x$ 的线性函数表示。表达形式为:

$$y = \beta x + \mu$$

式中,$y$ 为因变量,$x$ 为自变量,$\mu$ 为常数项,$\beta$ 表示斜率,即自变量对因变量影响程度。线性回归的目标就是找到最佳的参数 $\beta$ 和 $\mu$,使得预测值 $\overset{\geqslant}{y}$ 与实际值 $y$ 之间的差异(通常是平方差)最小。线性回归的基本形式是一个线性方程,用来预测连续型的因变量。线性回归模型通常用最小二乘逼近来拟合,也可以用别的方法来拟合,比如用最小化"拟合缺陷"在一些其他规范里(如最小绝对误差回归),或者在桥回归中最小化最小二乘损失函数的惩罚。

举例说明,假设有一组数据形态为 $y = y(x)$,其中:

$$x = \{0, 1, 2, 3, 4, 5\}$$
$$y = \{0, 10, 30, 34, 39, 55\}$$

以一个最简单的方程式来近似这组数据,则用一阶的线性方程式最为适合。先将这组数据绘图如下:

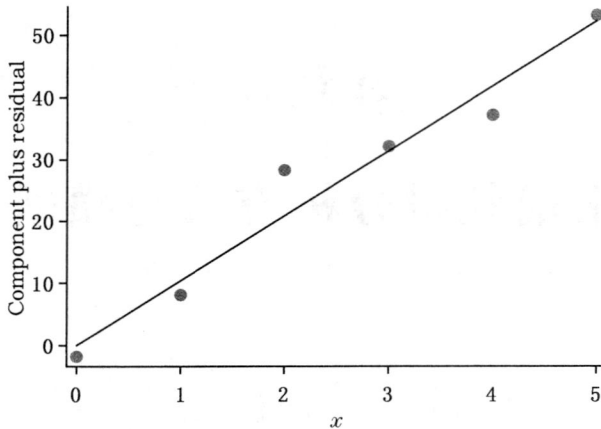

**图 9—1 线性回归**

一般来说,线性回归都可以通过最小二乘法求出其方程,使用 OLS 对数据进行估计,输入 STATA 指令,输出结果如图 9—2 所示。

```
. reg y x
```

| Source | SS | df | MS | | | |
|--------|-----|-----|-----|---|---|---|
| | | | | Number of obs | = | 6 |
| | | | | F(1, 4) | = | 90.76 |
| Model | 1913.65714 | 1 | 1913.65714 | Prob > F | = | 0.0007 |
| Residual | 84.3428571 | 4 | 21.0857143 | R-squared | = | 0.9578 |
| | | | | Adj R-squared | = | 0.9472 |
| Total | 1998 | 5 | 399.6 | Root MSE | = | 4.5919 |

| y | Coefficient | Std. err. | t | P>\|t\| | [95% conf. interval] | |
|------|------------|-----------|------|-------|----------|----------|
| x | 10.45714 | 1.097678 | 9.53 | 0.001 | 7.409499 | 13.50479 |
| _cons | 1.857143 | 3.323387 | 0.56 | 0.606 | -7.370057 | 11.08434 |

**图 9—2**

图 9—2 中的"_cons"表示常数项,"R-squared"显示 $R = 0.9578$,"Adj R-squared"显示 $R = 0.9472$。检验整个方程显著性的 F 统计量之 $p$ 值($Prob > F$)为 0.0007,显示这个回归方程是高度显著的。然而,$x$ 的 $p$ 值($p > |t|$)为 0.001 的

系数(Coef.)符号为正,残差平方和 $\sum_{i=1}^{n} e_i^2 = 84.3428571$,方程的标准误差(Root MSE)为 $s = 4.5919$。

为了更直观地理解线性回归的概念,假设我们想要根据房屋的面积来预测房屋的价格。我们所关心的预测值是房价(house price),这个预测值依赖于房屋的面积(area)。如果房屋的面积与价格存在关联,那么随着面积的增加,我们应该观察到价格也相应上升的趋势。这有助于我们理解这两个变量之间的关系,从而使我们能够对任何给定面积的房屋价格做出预测。

**(一)一元线性回归**

在线性回归分析中,只包括一个自变量和一个因变量,且二者的关系可用一条直线近似表示,这种回归分析称为一元线性回归分析。线性模型为 $y_i = \beta x_i + \mu$,线性回归即使得 $\hat{y}_i \cong y_i$(注:$\cong$ 表示两个函数是渐近相等),均方误差(MSE:Mean Square Error)最小化,确定 $\beta$ 和 $\mu$,即:

$$(\beta^*, \mu^*) = \arg\min_{(\beta,\mu)} \sum_{i=1}^{m} (y_i - \hat{y}_i)^2 = \arg\min_{(\beta,\mu)} \sum_{i=1}^{m} (\hat{y}_i - \beta x_i - \mu)^2$$

当每一个样本的预测值与真实值差值的平方和取最小值时,$(\beta, \mu)$ 的取值。均方误差有非常好的几何意义,对应欧几里得距离或简称"欧式距离"(Euclidean distance),基于均方误差的求解方法,称为最小二乘法。在线性回归任务中,最小二乘法就是试图找到一条直线,让所有样本到这条直线的距离最小。即求解 $\beta$ 和 $\mu$,使得 $E_{(\beta,\mu)} = \sum_{i=1}^{m} (\hat{y}_i - \beta x_i - \mu)^2$ 最小化的过程,称为线性回归模型的最小二乘"参数估计"(parameter estimation),$m$ 为样本容量,我们将 $E_{(\beta,\mu)}$ 分别对 $\beta$ 和 $\mu$ 进行求导,得:

$$\frac{\partial E_{(\beta,\mu)}}{\partial \beta} = 2 \left[ \beta \sum_{i=1}^{m} x_i^2 - \sum_{i=1}^{m} (\hat{y}_i - \mu) x_i \right]$$

$$\frac{\partial E_{(\beta,\mu)}}{\partial \mu} = 2 \left[ m\mu - \sum_{i=1}^{m} (\hat{y}_i - \beta x_i) \right]$$

令式子等于零,可解得:

$$\beta = \frac{\sum_{i=1}^{m} \hat{y}_i (x_i - \bar{x}_i)}{\sum_{i=1}^{m} \left[ x_i^2 - \frac{1}{m} \left( \sum_{i=1}^{m} x_i \right)^2 \right]}$$

$$\mu = \frac{1}{m} \sum_{i=1}^{m} (\hat{y}_i - \beta x_i)$$

### (二)多元线性回归

回归分析中包括两个或两个以上的自变量,且因变量与自变量之间是线性关系,则称为多元线性回归分析,表达式为:

$$y_i = \mu + \beta_1 x_{i1} + \beta_2 x_{i2} + \cdots + \beta_k x_{ik} + \xi_i \quad i = 1, \cdots, m$$

其中,有 $k$ 个解释变量,$\beta_1, \beta_2, \cdots, \beta_k$ 为待估系数,$\mu$ 为常数项,$\xi_i$ 为误差项。

线性回归满足假定:

1. 线性假定

每个解释变量 $x_{ik}$ 对被解释变量 $y_i$ 的边际效应均为常数,$\frac{\partial E(y_i)}{\partial x_{i1}} = \beta_i$,如果认为某解释变量的边际效应是可变的,则可以加入平方项($x_{ik}^2$)、三次方项($x_{ik}^3$),或交互项($x_{ik}x_{ib}$),比如房屋的价格可能随着房屋面积的扩大而递减,大房子可能单价便宜。如果回归方程为 $y_i = \mu + \beta_1 x_{i1} + \beta_2 x_{i2} + \cdots + \beta_k x_{ik} + x_{ik}x_{ib} + \xi_i$,则 $x_{ik}$ 对被解释变量 $y_i$ 的边际效应均为常数,$\frac{\partial E(y_i)}{\partial x_{ik}} = \beta_k + \gamma x_m$,它随着 $x_m$ 取值的变化而不同,此时,只要把高次项作为解释变量来看待,则依然满足线性假定。

2. 严格外生性

$$E(\xi_i | X) = E(\xi_i | x_1, \cdots, x_m) = 0$$

在给定数据矩阵 $X$ 的情况下,扰动项 $\xi_i$ 的条件期望为 $0$,$\xi_i$ 必须为独立于所有解释变量的观测数据,而不仅仅是同一解释变量 $x_i$ 中的观测数据。$\xi_i$ 与所有被解释变量都不相关,即 $\text{Cov}(\xi_i, x_{jk}) = 0, \forall j, k$。

3. 不存在严格多重共线性

数据矩阵 $X$ 是满列秩,$rank(X) = k$,其中 $rank$ 表示自变量 $X$ 的秩。

4. 球形扰动项

扰动项满足"同方差""无自相关"的性质。

## 二、非线性回归

非线性回归是回归分析法中依据描述自变量与因变量之间因果关系的非线性结构的回归。在许多实际问题中,回归函数往往是较复杂的非线性函数,非线性回归是线性回归的延伸。非线性函数有幂函数、指数函数、抛物线函数、对数函数和 $S$ 型函数 。非线性函数的求解一般可分为将非线性变换成线性和不能变换成线性两大类。处理可线性化处理的非线性回归的基本方法是,通过变量变换,将非线性回归化为线性回归,然后用线性回归方法处理。

例如,目标函数为幂函数,$y_i = \mu + \beta_1 x_i + \beta_2 x_i^2 + \xi_i$,那么,令 $z_{i1} = x_i$,$z_{i2} = x_i^2$。目标函数变为 $y_i = \mu + \beta_1 z_{i1} + z_{i2} + \xi_i$,并用线性回归来解方程。

**表 9—1**　　　　　　　　　　　　　常见的线性转化为非线性模型

| 曲线方程 | 变换公式 | 变换后的线性方程 | 曲线图形 |
|---|---|---|---|
| $\dfrac{1}{y}=a+\dfrac{b}{x}$ | $X=\dfrac{1}{x}$ $Y=\dfrac{1}{y}$ | $Y=a+bX$ | (1) $b>0$　　(2) $b<0$ |
| $y=ax^{b}$ | $X=\ln x$ $Y=\ln y$ | $Y=a'+bX\,(a'=\ln x)$ | $b>1$　$b=1$　$0<b<1$ (1) $b>0$　　(2) $b<0$ |
| $y=a+b\ln x$ | $X=\ln x$ $Y=y$ | $Y=a+bX$ | (1) $b>0$　　(2) $b<0$ |
| $y=ae^{bx}$ | $X=x$ $Y=\ln y$ | $Y=a'+bX\,(a'=\ln x)$ | (1) $b>0$　　(2) $b<0$ |
| $Y=ae^{\frac{b}{x}}$ | $X=\dfrac{1}{x}$ $Y=\ln y$ | $Y=a'+bX\,(a'=\ln x)$ | (1) $b>0$　　(2) $b<0$ |

　　对于实际科学研究中常遇到不可线性处理的非线性回归问题,提出了一种新的解决方法。该方法是基于回归问题的最小二乘法,在求误差平方和最小的极值问题上,应用了最优化方法中对无约束极值问题的一种数学解法——单纯形法。应用结果证明,这种非线性回归的方法算法比较简单,收敛效果和收敛速度都比较

理想。

例如,身高和体重,在青少年中呈直线关系,因为青少年在不断成长;但是,对于整个人的生命周期,却是曲线关系,因为成年人的身高一般是确定的。

非线性回归模型的参数估计通常使用以下方法:

(1)最小二乘法。尽管在非线性情况下最小二乘法不是最优的,但它仍然是一种常用的方法。它通过最小化残差的平方和来估计参数。

(2)梯度下降法。一种迭代方法,通过沿着损失函数的负梯度方向更新参数来最小化损失。

(3)牛顿—拉夫森方法。一种更高效的迭代方法,它使用二阶导数来加速收敛。

逻辑回归(Logistic Regression)是非线性回归中的一种,在分类问题上有的也能采用逻辑回归分类。这是一个二分类器,比如就业与否、考公与否、深造与否:

$$y_i = \beta_0 + \beta_1 x_{i1} + \beta_2 x_{i2} + \cdots + \beta_k x_{ik} + \xi_i$$

其中,$\beta_0$ 与线性回归中的常数项一致,在二分类器中,经常需要一个分界线区分两类结果。接着,需要一个函数进行曲线平滑化,由此引入 Sigmoid 函数进行转化:

$$f(x) = \frac{1}{1 + e^{-x}}$$

以 0.5 作为分界线,逻辑回归的最终目标函数就是:

$$h_\beta(X) = g(\beta_0 + \beta_1 x_{i1} + \beta_2 x_{i2} + \cdots + \beta_k x_{ik} + \xi_i)$$
$$= g(\beta^T X)$$
$$= \frac{1}{1 + e^{-\beta^T X}}$$

回归是用来得到样本属于某个分类的概率。因此,在分类结果中,假设 $y$ 值是 0 或 1,那么:

$$h_\beta(X) = P(y = 1 | X; \beta)$$

# 第二节　随机实验与自然实验

## 一、随机实验

随机实验(Randomized Field Experiment)是指在相同条件下,可以重复进行,每次结果都不确定且无法预测的实验。例如掷硬币、抛骰子、抽卡牌等,都属于随机实验的范畴。在随机实验中,我们所关注的是实验的结果,它可以是任意可能的一个事态。随机实验通过使干预组和对照组具有可比性成为揭示因果影响的最简单、最有效的方法。在现实社会中运用随机分组方式开展的干预实验,是一种前沿的社会科学研究方法。

随机实地实验的五个步骤:确定实验对象,进行随机分组,实施干预措施,收集结果信息和进行数据处理分析并得出结论。随机实地实验的优势主要有两个方面:可信性和创新性。可信性主要源于随机分组,实证研究中内生性问题无处不在,而随机分组有助于解决一些其他计量方法受到局限的内生性问题,使研究结果更可信。创新性主要体现在如何实施干预措施。随机实地实验还在国际贸易、企业征税、环境监制等领域有广泛的运用。随机实验具有以下三个特点:

(1)可以在相同的条件下重复地进行;

(2)每次实验的可能结果不止一个,并且事先明确所有可能的结果;

(3)一次实验之前不能确定哪个结果会出现。

示例如下:

随机实验 $1(E_1)$:抛一枚硬币,观察正面、反面出现的情况。

随机实验 $2(E_2)$:一枚硬币抛三次,观察正面、反面出现的情况。

随机实验包括将群体中的个体随机分配到干预组或对照组,潜在的结果是在干预($Y_1$)或控制($Y_0$)下的结果,接受干预的比例不必是 $50\%$,可以是 $10\%$ 或者其他比例的样本得到处理。随机化通过使潜在结果独立于干预来消除偏见:

$$(Y_0, Y_1) \perp\!\!\!\perp T$$

在随机实验中,潜在结果独立于干预,它们在预期中,干预组与对照组中的实验结果是相同的。简单来说,这意味着干预组与对照组具有可比性。因此,$(Y_0, Y_1) \perp\!\!\!\perp T$ 意味着干预是唯一在干预和对照中产生结果差异的因素:

$$E(Y_0 | T=0) = E(Y_0 | T=1) = E(Y_0)$$

使得:

$$E(Y | T=1) - E(Y | T=0) = E(Y_1 - Y_0) = ATE$$

随机实验或随机对照实验(RCT)是获得因果效应的最可靠方法,在随机实验中,将单位分配给一种或另一种处理的机制是随机的。因果推理技术会以某种方式尝试识别处理的分配机制,仅通过查看数据无法发现分配机制。例如,如果有一个数据集,其中高等教育与财富相关,你无法通过查看数据来确定是哪一个导致了哪一个。你将不得不利用你对世界如何运作的知识来支持一种合理的分配机制:学校是否教育人们,使他们更有效率,从而引导他们从事更高薪的工作。或者,如果你对教育持悲观态度,可以说学校没有采取任何措施来提高生产力,这只是一种虚假的相关性,因为只有富裕的家庭才能让孩子获得更高的学位。

在因果问题中,我们通常有可能以两种方式争论:$X$ 引致 $Y$,或者是第三个变量 $Z$ 引致 $X$ 和 $Y$,因此 $X$ 与 $Y$ 的相关性只是虚假的。正是出于这个原因,了解分配机制会引致更有说服力的因果答案。

随机实地实验的具体实施步骤：

（1）考察实地背景。实地背景的选择则须综合考虑以下四个问题：现状如何，存在什么问题；干预措施能否有效实施；干预组和控制组能否有效隔离；数据收集能否有效进行。

（2）设计实验过程。完整的实验应包含安排干预、选择样本量、确定随机层次的方式和收集数据。干预措施应考虑以下四个方面：第一，具体措施和实施的方法和强度；第二，控制组如何处理；第三，干预组和控制组能否有效隔离；第四，换位思考受众如何看待干预措施。实验干预的随机安排可以在个体层次上进行，也可以在群体层次进行。随机方式包括简单随机、分层随机和匹配随机。实验数据包括实验前和实验后的样本信息，可以通过行政性数据收集，也可以通过直接测量、问卷调查、他人评价以及游戏等方式来收集。

（3）分析数据。因为实验干预措施是随机安排的，结果的基础回归通常比较直接明了。在进行基础回归之前，一般要首先检验随机分组的有效性。一种可行方案是在实验前用尽可能多的样本信息对干预的虚拟变量做回归，系数不显著则说明随机分组是有效的。

（4）实验中的道德问题。实地实验所应遵守的道德规范包括不能给实验对象造成伤害、避免危害社会、杜绝欺骗行为、严禁强制进行，以及签订同意书等。

## 二、自然实验

自然实验发生在特定干预措施已经实施且实施环境不受研究人员控制的情况下。例如，当研究人员无法控制干预措施发生的时间或地点时［如环境结构变化（如新建一家杂货店）、新计划实施（如省 HPV 疫苗计划）或政策变化］，这些变化将被视为自然实验。自然实验的另外两个特点是，干预措施的实施并不取决于是否有计划对干预措施进行评估，并且随机分配干预措施由于政治或伦理等原因并不可行。用于评估自然实验干预影响的方法称为自然实验研究。自然实验研究以传统实验设计和非实验设计的形式出现。

自然实验是一种经验性或观察性的研究方法，其独特之处在于研究人员不会主动操控所关注的实验变量，而是让这些变量受到自然发生的事件或无法直接控制的因素的影响。自然实验是最有效的研究方法，因为它能够尽可能地模拟受控实验中的测试组和对照组设置，并且在这种设置中，一个明确定义的人群会在特定条件下经历明确的暴露，而另一个相似的群体则不会经历这种暴露，从而作为对照组进行比较。当这些组存在时，自然实验的过程在某种程度上类似于随机化分配，实验较为严谨。在这样的条件下，观察到的自然实验结果可以更有力地归因于特定的暴露因素,这为我们提供了推断因果关系的依据,而非仅仅是相关性。正是自然实验所具备的这一特征——通过有效的比较来支持因果关系的存在——使其与纯粹的非实验性观察研究区别开来。

在经济学中,涉及人类主体的传统受控实验的昂贵性质和局限性长期以来一直被认为是该领域发展和进步的一个限制。因此,自然实验为经济学家及其同事提供了难得的试验场。当这种受控实验过于困难、昂贵或不道德时,自然实验就会被使用,就像许多人类实验一样,而且当法律、政策或实践在国家、司法管辖区甚至社会群体等明确空间发生一些变化时,自然实验往往是可能的,例如,服兵役对收入的影响、公共场所禁烟对住院率的影响等。

### 三、双重差分法

双重差分法(Difference-in-Difference,DID)最早由 Ashenfelter(1978)引入经济学,又称为倍差法、差分再差分等。双重差分即处理组差分与控制组差分之差。该方法要求数据期至少有两期,样本被分实验组和控制组,其中实验组在第一期没有受到政策影响,此后政策开始实施,第二期就是政策实施后的结果,控制组由于一直没有受政策干预,因此其第一期和第二期都是没有政策干预的结果,两次差分的效应就是政策效应。倍差法来源于计量经济学的综列数据模型,是政策分析和工程评估中广为使用的一种计量经济方法。倍差法主要是应用于在混合截面数据集中,评价某一事件或政策的影响程度。该方法的基本思路是将调查样本分为两组,一组是政策或工程作用对象即"作用组",一组是非政策或工程作用对象即"对照组"。根据作用组和对照组在政策或工程实施前后的相关信息,可以计算作用组在政策或工程实施前后某个指标(如收入)的变化量(收入增长量),同时计算对照组在政策或工程实施前后同一指标的变化量。然后计算上述两个变化量的差值(即所谓的"倍差值")。

DID 允许根据个体特征进行选择,只要此特征不随时间而变,可以部分地缓解因"选择偏差"(selection bias)而导致的内生性(endogeneity)。它是一种比较成熟的进行政策研究的分析方法,作用原理与自然实验相类似。它将某项政策的实施看作一项自然实验,通过在样本中加入一组未受政策影响的控制组,与原本受政策影响的样本构成实验组进行比较分析,考察政策实施对分析对象造成的净影响。

使用双重差分法进行政策效应评估,样本数据需要满足三个假设,分别是线性关系假设、个体处理稳定性假设、平行趋势假设。前两个假设一般都会满足,不需要单独进行验证,应该重点验证假设 3。

假设 1:线性关系假设,即潜在结果变量同处理变量和时间变量满足线性条件。

假设 2：个体处理稳定性假设，即政策干预只影响实验组，不会对控制组产生交互影响。

假设 3：平行趋势假设，即实验组和控制组在没有政策干预之前，二者的结果效应趋势应该是一样的（满足平行趋势）。

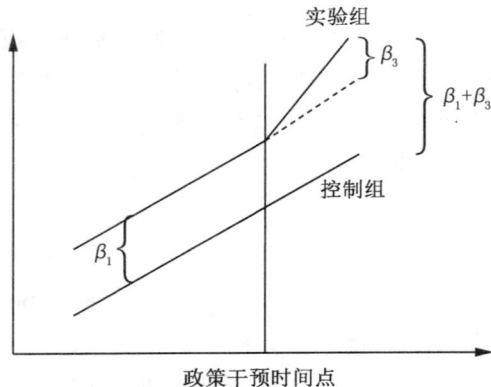

图 9—3　政策干预时间点

DID 的稳健性检验，也就是要想办法证实，实证结果的所有效应确实是由政策实施所引致的。关于 DID 的稳健性检验，主要表现在两个方面：

**（一）共同趋势检验**

共同趋势或者平行趋势，是指处理组和控制组在政策实施之前必须具有相同的发展趋势。

如果不满足这一条件，那么两次差分得出的政策效应 θ 就不完全是真实的政策效应，其中有一部分是由处理组和控制组本身的差异所带来的。平行趋势检验一般有画时间趋势图和事件研究法两种方法。

如果平行趋势假设成立，那么在政策时点之前，处理组和控制组应该不存在显著差异。画时间趋势图其实是一种比较粗糙的方法，具体做法就是绘制处理组和控制组的 $y$ 的均值的时间趋势，这种方法简单直观，但不能在统计意义上准确地判断处理组和控制组是否存在显著差异。

事件研究法相比画平行趋势图更为准确、更为科学，具体做法就是生成年份虚拟变量 $Year_i$ 与处理组虚拟变量 $Treat_j$ 的交互项，加入模型中进行回归（$M$、$N$ 分别表示政策前和政策后的期数），那么交互项 $Treat_j \times Year_i$ 的系数 $\theta_j$ 衡量的就是第 $j$ 期处理组与控制组之间的差异。

首先生成年份虚拟变量与实验组虚拟变量的交互项，此处选在政策前后各 3 年进行对比。随后将这些交互项作为解释变量进行回归，并将结果储存在 reg 中以备后续检验。结果发现系数在政策前的确在 0 附近波动，而政策后一年系数显著为负，但很快又回到 0 附近。这说明实验组和控制组的确是可以进行比较的，而政策效果可能出现在颁布后一年，随后又很快消失。

### (二)安慰剂检验

一般情况下，模型满足平行趋势检验，仍要担心政策干预时点之后处理组和对照组趋势的变化是否受到了其他政策或者随机性因素的影响，因为仅凭一个交互项并不足以说明就是我们关心的政策引致了 $y$ 的变动。这时，安慰剂检验可以帮助 DID 估计结果更具稳健性。安慰剂来自医学上的随机实验，当我们要检验某种新药品的疗效时，可以将参加实验的人群随机分为两组，其中一组为实验组，服用真药，另一组为控制组，服用安慰剂(无效的糖丸)，不让参与者知道自己服用的是真药还是安慰剂，以避免主观心理作用影响实验效果，这就是安慰剂检验。

安慰剂检验的操作：第一种，可以采用政策发生之前的数据。将政策实施前的除第一年之外的所有年份"人为地"设定成为处理组的政策实施年份，然后根据 DID 模型逐年回归。当所有回归中的交互项系数都不显著时，说明通过了安慰剂检验，表明之前识别的政策平均效应是可靠的，否则就是不可靠的。如果政策实施前有 $n$ 年数据，那么就要做 $n-1$ 次上述回归。第二种，可以"人为地"随机选择政策实施对象(处理组)，然后使用全样本做 DID 回归。如果交互项系数不显著，则判断政策对随机选择的处理组都不存在政策效应，可以进一步证明之前识别的政策平均效应结果是可靠稳健的。第三种，改变被解释变量。通常选择理论上不受政策影响的其他变量，保持真实的对照组和处理组、真实的政策实施时间，重新进行 DID 回归，理想的结果是，该政策的实施对其他被解释变量都不存在政策效应。

双重差分法也有其局限性，比如双重差分法主要适用于面板数据，如果只是截面数据，就不适合使用该方法；再者在实际研究中，很可能找不到合适的控制组来进行比较，那么研究者很可能根据主观判断选取控制组，导致研究不够严谨。所以在实际研究中，一定要关注双重差分法使用的前提假设等。如果确实不适合使用双重差分法，可以选择其他方法进行分析，比如 PSM-DID、合成控制法等等。

### 四、三重差分法

三重差分估计(The Triple Difference Estimator，TD or DDD)，是双重差分法(DID)的延伸，DDD 估计可以被视作为两个 DID 估计之间的差异，但不需要两个单独的平行趋势假设(parallel trend assumptions)。实际上，当两个 DID 估计间的偏差趋势相同(相平行)时，DDD 法的估计就将是无偏的。

例如，我们研究香港推行的针对 60 岁以上的老年人的医保政策，假定该政策生效日期是 2008 年，那么我们想要知道这个医保政策是否促进了香港老年人的健康？从这个描述来看，我们能够得到三个有效信息：第一，该政策是在香港实行的；第二，该政策是针对 60 岁以上老年人；第三，该政策生效日期是 2008 年。如果你发现有三个有效信息，一般而言，我们最好采用 DDD 三重差分法来更好地估计该医保政策的效果。标准的 DID 双重差分法，实际上是提供了两个有效信息（香港、2008 年），即在 2008 年香港执行该项医保政策；现在的情况是有三个有效信息。

我们推演一下，为什么此处最好使用三重差分法来获得政策效应。如果不考虑其他没有执行该项政策的内陆省份的情况，直接用 2008 年之后香港 60 岁以上的老年人健康状况与 2008 年之前的香港 60 岁以上的老年人健康状况，那谁知道健康状况的变化是不是因为金融危机造成的，所以这里面的混淆因素就理不清楚了。这就是为什么我们需要把其他没有执行该医保政策的内陆省份包括进来作为控制组，来控制这些大环境因素造成的健康状况变化。

另外，如果直接用香港 60 岁以上老年人群体的健康状况（处理组）减去 60 岁以下中年人群体的健康状况（控制组），那有什么大的问题呢？我们可能分不清这个处理组与控制组健康状况差异到底是不是由于这个医保政策造成的，毕竟老年人和中年人群体的健康状况本来就存在系统性的差异。

三重差分的函数表达形式，是有三个交互项的乘积在里面：

$$y_{i,t} = \theta_0 + \theta_1 d_u + \theta_2 d_t + \theta_3 d_r + \theta_4 (d_u \times d_t) + \theta_5 (d_t \times d_r) + \theta_6 (d_u \times d_t \times d_r) + \xi_{i,t}$$

### 五、合成控制法

合成控制法（Synthetic Control Method，简称 SCM），是选取特定的预测变量（包括评估变量本身及影响评估变量的主要因素），通过对处理组中各样本的预测变量进行加权，从而拟合一个与处理组特质相近的合成控制组作为对照组，并比较政策实施后处理组与合成组之间的差异来评估政策影响。SCM 利用未受干预的数据合成虚拟对照组，从而更准确地估计因果效应。SCM 目标是通过加权的方法为控制组构建一个具有相似特征的虚拟的合成对照组，用其来近似模拟控制组未受到干预的情况，以此作为反事实分析，再将受干预的控制组与不受干预的对照组进行比较，进而评估干预的影响。合成控制法的基本原理是根据预测变量，对控制组各样本进行加权，构造一个与实验组相近的"反事实"对照组，比较试点后实验组与对照组之间的差异来评估政策实施效果。具体步骤如下：

（1）变量选取。选取评估变量和预测变量。前者也称结果变量，是用于衡量干预效应的关键指标；后者也称控制变量，是用来描述干预组和控制组在干预发生前特征的变量，对于构建合成控制单元至关重要。

（2）权重确定。确定每个控制单元的权重。通过一个优化过程确定控制单元的权重，使得合成控制单元在干预前与干预单元在预测变量上尽可能相似。一般通过定义一个目标函数,基于优化算法最小化残差平方和。

(3)控制合成。使用确定的权重,将控制单元加权组合,形成一个合成的控制单元。合成控制单元在干预前的时间点上的表现是通过控制单元的加权平均来计算的。

(4)效应估计。通过比较干预单元在干预后的实际表现与合成控制单元模拟的表现之间的差异来估计干预效应。研究者通常会通过图表来可视化干预前后干预单元和合成控制单元的评估变量表现。

合成控制法本质是一种基于数据选择控制组来对政策效应进行评估的方法,其基本特征是必须清楚控制组内每个个体的权重,这些权重是根据个体数据特征的相似性来确定的,它们反映了在构建"反事实"状态(即未实施政策的假设状态)时各个体所贡献的程度。权重分配的依据是在政策干预发生前,通过预测变量来评估控制组与干预组之间的相似程度。

该方法具有两个优点:

①它是对传统双重差分法的扩展,是一种非参数估计。

②在构造控制组时,通过数据来决定权重的大小,从而减少主观判断。合成控制法可以明确展示干预组和合成控制组在政策干预前后的相似程度,避免把差异很大的地区进行对比引起的误差。同时,合成控制组的个体权重均选择正数且之和为1,也避免了过分外推。

一般的 SCM 分析框架假定在 $J+1$ 个单元中,只有 1 个单元受到了干预,其余 $J$ 个未受到干预的单元构成捐赠池(donor pool)。将捐赠池中的单元加权平均,构建出与处理单元尽可能相似的虚拟的合成对照组,再以此模拟出当处理单元未受到干预时的反事实结果,进而可以评估某一特定干预对处理单元的影响。有两点假设决定了 SCM 方法评估政策效果大小的解释有效性:一是干预前处理单元的结果与干预的实施相互独立,保证干预前处理单元的结果能够由合成对照组近似替代;二是接受干预的单位不应干扰干预本身,这意味着应将受到干预的单位从捐赠池中排除,以隔离干预对受干预单位的影响。

处理单元范围应满足的三个标准:①对处理单元的政策/冲击不能由先前的经济条件轻易预测。②对于受到同样干预的单元,应排除在构建合成对照组的捐赠池之外。③对于受到相似政策干预的单元,也应该排除在捐赠池之外。

实例应用:委内瑞拉石油发现的长期经济影响

Gilchrist et al. (2023)通过合成控制法,估计 20 世纪 20 年代石油发现对委内瑞拉长期经济增长的影响。使用 1870—2015 年间 56 个国家的增长和发展轨迹以及特征数据集合成对照组,因变量为人均 GDP,协变量由四个部分构成:①石油发现前人均 GDP 动态与相关的辅助协变量;②自然地理;③制度和法律历史;④人口、人力资本和历史遗传多样性,用于捕捉委内瑞拉在发现石油之前与世界其他地区的相似性。为了构造有效的反事实情景,石油商品出口超过 20% 的主要石油生产国被排除在捐赠池之外。结果表明,合成对照组与委内瑞拉在石油发现前的特征实现了较好的拟合(如图 9—4 左所示)。

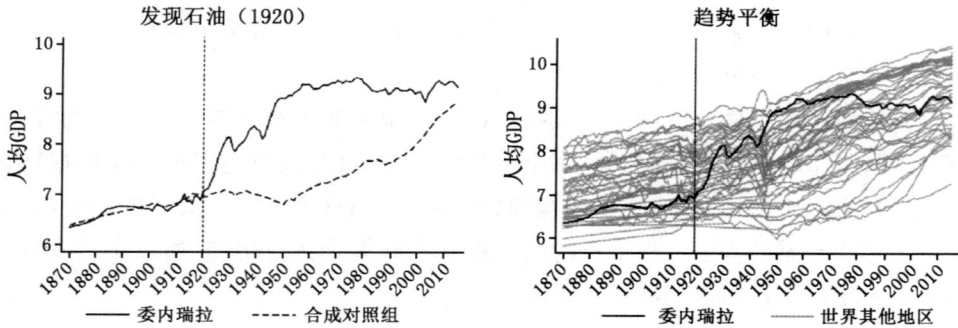

注:实线为委内瑞拉实际人均 GDP 情况,虚线为合成对照组的情况。

**图 9—4 委内瑞拉石油发现的长期经济影响**

由图 9—4 可以发现,委内瑞拉在 1920 年发现石油后的 10 年内人均收入翻了一番,到 1950 年人均收入翻了两番,达到了样本国家中的最高水平。此后,增长率开始递减,在 20 世纪 70 年代出现了明显的增长停滞,随后经济开始衰退并一直持续到今天。

## 第三节 全要素生产率的测定

全要素生产率(Total Factor Productivity,TFP)的概念来自生产率,生产率是指投入与产出之比,用于衡量单位投入的产出水平。全要素生产率反映了资源配置状况、生产手段的技术水平、生产对象的变化、生产的组织管理水平、劳动者对生产经营活动的积极性,以及经济制度与各种社会因素对生产活动的影响程度。全要素生产率不仅是衡量生产要素的质量、生产要素配置效率的指标,而且是衡量经济增长质量的核心指标。因此,它是探求经济增长源泉的主要工具,也是判断经济增长质量的重要方法。世界银行、OECD 等国际机构在研究经济时,通常也把全要素生产率的变动作为考察经济增长质量的重要内容。许多经济学家对全要素生产率进行了深入研究并提出了许多测算方法,主要有生产函数法、指数法与拓展(随机前沿分析法、数据包络分析法)。

### 一、生产函数法

生产函数法测算 TFP 及其增长,需要有明确的生产函数的形式,并进行计量回归,最后通过对生产余值的相关计算来获取全要素生产率的变化率(常用的有C-D 生产函数法、CES 生产函数法等),并利用样本数据进行回归,估算出总量生产函数的具体参数,进而得到生产函数,将产出增长率扣除各种投入要素增长率后的残差,作为 TFP 的增长。设生产函数为:

$$Y_t = A_t F(X_t)$$

其中,$A_t$ 为满足希克斯中性和规模收益不变的技术变动;$Y_t$ 为产出;$X_t = (x_{1t}, x_{2t}, \cdots, x_{nt})$ 为投入要素,$x_{nt}$ 为第 $n$ 种投入要素;$t$ 为时期。将式两边取对数,求关于时间的导数,可得:

$$\frac{\dot{Y}_t}{Y_t} = \frac{\dot{A}_t}{A_t} + \sum_{k=1}^{n} \lambda k \left(\frac{\dot{X}_{k,t}}{X_{k,t}}\right)$$

其中,$\lambda k$ 为各要素投入的份额,将式变形可算得 TFP 增长的索洛余值公式:

$$\frac{\dot{A}_t}{A_t} = \frac{\dot{Y}_t}{Y_t} - \sum_{k=1}^{n} \lambda k \left(\frac{\dot{X}_{k,t}}{X_{k,t}}\right)$$

#### (一)C-D 生产函数法

C-D 生产函数法,即采用柯布—道格拉斯生产函数(Cobb‐Douglas Production Function)作为分析工具的方法。柯布—道格拉斯生产函数是经济学中用来描述生产过程中资本和劳动投入与产出之间关系的一种函数形式,其基本形式及其优化可以表述如下:

$$Y_t = A_t K_t^{\alpha} L_t^{\beta}$$

其中,要素主要为资本和劳动,$K_t$ 为资本投入量,$L_t$ 为劳动投入量,$\alpha$ 为资本产出弹性,$\beta$ 为劳动产出弹性。对式两边取对数,求时间导数,整理得 TFP 增长率计算公式:

$$\frac{dA_t}{A_t} = \frac{dY_t}{Y_t} - \alpha \frac{dK_t}{K_t} - \beta \frac{dL_t}{L_t}$$

由上式可以看出,全要素生产率的增长率是产出增长率与资本投入增长率、劳动投入增长率的加权线性组合之间的差额,也就是我们常说的"索洛余值",索洛认为增长余值的变化是由技术进步带来的。这种计算方法的优点是简单易行,对于时间序列数据较为适用。但存在非常明显的缺陷,表现在假设技术变动是中性的,技术进步只随时间变动,是非体现的、外生的。但现实经济生活表明,技术进步也与其他因素如政策、制度等有关。假设规模报酬不变,实际上是假设生产单位在固定技术下运行,这本身排除了技术进步。

### (二)CES 生产函数法

CES 生产函数法,即生产函数设定为常数替代弹性。CES 生产函数是 Arrow (1961)提出的,假定工资 $w = A(Y/L)$,规模报酬不变,市场完全竞争,从而推导出了投入与产出之间关系具有不变替代弹性的生产函数。基本形式为:

$$Y_t = A_t(\alpha K_t^{\frac{\rho-1}{\rho}} + \beta L_t^{\frac{\rho-1}{\rho}})^{\frac{\rho}{\rho-1}}$$

$$\alpha + \beta = 1$$

$\rho$ 为替代参数,令 $\sigma = \frac{\rho-1}{\rho}$;对式两边同取对数,并作 $\sigma = 0$ 二阶泰勒级数展开,可得:

$$\ln Y_t = \ln A_t + \alpha \ln K_t + \beta \ln L_t + \frac{\rho-1}{2\rho}\alpha\beta\left(\ln \frac{K_t}{L_t}\right)^2$$

那么,全要素生产率可得:

$$\frac{dA_t}{A_t} = \frac{dY_t}{Y_t} - \alpha\frac{dK_t}{K_t} - \beta\frac{dL_t}{L_t} - \frac{\rho-1}{\rho}\alpha\beta\left(\frac{dK_t}{K_t} + \frac{dL_t}{L_t}\right)$$

### 二、指数法

全要素生产率测算的指数法主要是指一个生产单元(企业、行业、国家或地区)在一定时期内生产的总产出与总投入之比。它常被用作衡量一个行业或地区经济运行状况的综合性指标。一般设定考察生产单元的基期($S$)和报告期($T$),$X$ 表示投入,$Y$ 表示产出,则 TFP 指数可表示为:

$$TFP_{st} = \frac{Y_s/Y_t}{X_s/X_t}$$

目前被广泛使用的典型的生产率指数是曼奎斯特指数(Malmquist Index)。该指数是在 Malmquist 数量指数与距离函数的基础上定义的,被广泛应用于衡量不需要明确具体行为标准(如成本最小化或利润最大化)的多投入、多产出生产技术的效率变化。构建曼奎斯特生产率指数首先需要定义距离函数。根据 Shephard(1970)和 Fare(1988)的方法,产出指标变量的距离函数定义如下:

$$D_0 = \inf\{\delta : (x, y/\delta) \in P(x)\}$$

其中,$x$ 和 $y$ 表示输入变量和输出变量矩阵,$\delta$ 表示面向输出效率指标,$P(x)$ 定义为可能生产集合。如果 $y$ 是 $P(x)$ 的组成部分,则函数的值将小于或等于 1;如果 $y$ 位于可能生产集合的外部前沿面上,那么函数值将等于 1;反之,如果 $y$ 位于 $P(x)$ 外部,那么函数值将大于 1。可以定义出相对于单一技术、基于产出指标变量的曼奎斯特生产率指数:

$$M_0^t = \frac{D_0^t(x_{t+1}, y_{t+1}|CRS)}{D_0^t(x_t, y_t|CRS)}$$

$$M_0^{t+1} = \frac{D_0^{t+1}(x_{t+1}, y_{t+1} \mid CRS)}{D_0^{t+1}(x_t, y_t \mid CRS)}$$

其中，$(x_t, y_t)$ 和 $(x_{t+1}, y_{t+1})$ 分别表示 $t$ 时期和 $t+1$ 时期的投入和产出向量。$\delta$ 和 $D_0^{t+1}(x_{t+1}, y_{t+1} \mid CRS)$ 分别表示以根据生产点在相同时间段（$t$ 和 $t+1$）固定规模收益（CRS）情景下的前沿面技术相比较得到的输出距离函数；而 $D_0^t(x_{t+1}, y_{t+1} \mid CRS)$ 和 $D_0^{t+1}(x_t, y_t \mid CRS)$ 分别是根据生产点在混合期间同固定规模收益（CRS）情景下的前沿技术相比较得到的输出距离函数。因此，$M_0^t$ 表示以 $t$ 时期的技术条件为参照，从 $t$ 时期到 $t+1$ 时期的技术效率变化；而 $M_0^{t+1}$ 表示以 $t+1$ 时期的技术条件为参照，从 $t$ 时期到 $t+1$ 时期的技术效率变化。为了避免随意选择一种参照技术，可以用式的几何平均值构造 $t$ 时期到 $t+1$ 时期的曼奎斯特生产率指数。

$$M_0(x_t, y_t, t, y_{t+1}) = \left[ \frac{D_0^{t+1}(x_{t+1}, y_{t+1} \mid CRS)}{D_0^{t+1}(x_t, y_t \mid CRS)} \times \frac{D_0^t(x_{t+1}, y_{t+1} \mid CRS)}{D_0^t(x_t, y_t \mid CRS)} \right]^{\frac{1}{2}}$$

如果 $M_0(x_t, y_t, t, y_{t+1})$ 大于 1，说明从 $t$ 时期到 $t+1$ 时期的 TFP 增长了；反之，则说明 TFP 下降了。根据 Fare 等人在 1994 年的研究，上面方程中的曼奎斯特生产率指数中技术效率变化部分能够进一步分解：

$$M_0(x_t, y_t, t, y_{t+1}) = \frac{S_0^t(x_t, y_t)}{S_0^{t+1}(x_{t+1}, y_{t+1})} \times \frac{D_0^{t+1}(x_{t+1}, y_{t+1} \mid VRS)}{D_0^t(x_t, y_t \mid VRS)}$$
$$\times \left[ \frac{D_0^t(x_{t+1}, y_{t+1} \mid CRS)}{D_0^{t+1}(x_t, y_t \mid CRS)} \times \frac{D_0^t(x_{t+1}, y_{t+1} \mid CRS)}{D_0^{t+1}(x_t, y_t \mid CRS)} \right]^{\frac{1}{2}}$$

$D_0^t(x_t, y_t \mid VRS)$ 和 $D_0^{t+1}(x_{t+1}, y_{t+1} \mid VRS)$ 分别表示以根据生产点在相同时间段（$t$ 和 $t+1$）可变规模收益（VRS）情景下的输出距离函数。$S_0^t(x_t, y_t) = \frac{D_0^t(x_t, y_t \mid VRS)}{D_0^t(x_t, y_t \mid CRS)}$ 表示 $t$ 时期的规模效率。$S_0^{t+1}(x_{t+1}, y_{t+1}) = \frac{D_0^{t+1}(x_{t+1}, y_{t+1} \mid VRS)}{D_0^{t+1}(x_{t+1}, y_{t+1} \mid CRS)}$ 表示 $t+1$ 时期的规模效率。因此，式中，第一项表示规模效率变化，第二项表示纯技术效率变化，最后一项表示技术变化。生产率的变化，即 $M_0$ 分解为纯技术变化、规模效率变化以及技术变化。

### 三、随机前沿分析方法

随机前沿模型（Stochastic Frontier Analysis）属于参数生产前沿面方法，是生产函数法的延伸，需要预先设定函数形式。随机前沿模型放松完全效率的假定，还将随机冲击纳入函数模型中，具体形式为：

$$Y_t = F(X_t, \beta) \xi_i$$

式中,$\xi_i$ 为效率水平,处于 $0-1$。由于生产过程中还存在自然因素等的冲击,因此将随机冲击项 $e^{v_i}$ 纳入模型中:

$$Y_t = F(X_t, \beta)\xi_i e^{v_i}$$

由于随机冲击项的存在,$F(X_t, \beta)\xi_i e^{v_i}$ 的前沿面是随机的,因此被称为随机前沿模型(SFA)。对上式取对数有:

$$\ln Y_t = \alpha_0 + \sum_{n=1}^{N} \alpha_0 \ln x_{ni} + \ln \xi_i + v_i$$

式中,$\ln \xi_i$ 的值定义为无效率项,无效率项表示生产效率偏离最优前沿面的程度,这一部分可以通过提高管理水平、经营模式等加以提高改进;$v_i$ 表示随机误差项。此后,针对无效率项 $\ln \xi_i$ 分布的探讨,学者又提出了非时变效率、时变效率等面板随机前沿模型等。

### 四、数据包络分析法

数据包络分析(Data Envelopment Analysis),是 1978 年由美国运筹学家 Charnes 等提出的,一种基于被评价对象(DMU)间相对比较的非参数生产前沿面的技术效率测算方法。其基本原理即根据不同 DMU 的投入产出组合,构造生产前沿面,进而使用线性规划的方法求解各个 DMU 偏离生产前沿面的程度,从而测算其生产效率。常用的 DEA 模型包括经典的 CCR 模型、BCC 模型以及现有文献常用的 SBM 模型以及 DEA-Malmquist 模型。

#### (一)CCR 模型

假设我们要测算 $n$ 个生产单元(DMU)的效率,每个生产单元的投入为 $x_i(i=1, 2, \cdots, n)$,$v_i$ 表示生产权重,产出为 $y_r(r=1, 2, \cdots, q)$,$u_r$ 表示产出权重。产出导向下 CCR 模型(规模报酬不变)的规划求解方程为:

$$\min \sum_{i=1}^{N} v_i x_{ik}$$
$$\text{s. t. } \sum_{r=1}^{q} u_r y_{rj} - \sum_{i=1}^{N} v_i x_{ik} \leqslant 0$$
$$\sum_{r=1}^{m} u_r y_{rk} = 1$$
$$i = 1, 2, \cdots, n, r = 1, 2, \cdots, q, j = 1, 2, \cdots, m$$

其对偶方程为:

$$\max \varphi$$
$$\text{s. t. } \sum_{j=1}^{n} \rho_j x_{ij} \leqslant x_{ik}$$
$$\sum_{j=1}^{n} \rho_j y_{rj} \leqslant \varphi y_{ik}$$
$$i = 1, 2, \cdots, n, r = 1, 2, \cdots, q, j = 1, 2, \cdots, m$$

依据上式,方程的最优解为 $\varphi^*$,在既定的技术水平下,增加投入带来的产出增

加部分为 $\max\varphi^* - 1$，由于 $\varphi^* \geqslant 1$，因此，效率值多用其倒数表示。

### (二)BCC 模型

BCC 模型放松了 CCR 模型关于规模收益不变的假定，即规模收益是可变的，因此使用这种方法计算出来的技术效率可以将规模的影响剥离出来，得到"纯技术效率"。产出导向下 BCC 模型表达式为：

$$\min\phi$$
$$s.t. \sum_{j=1}^{n}\rho_j x_{ij} \leqslant x_{ik}$$
$$\sum_{j=1}^{n}\rho_j y_{rj} \leqslant \phi y_{ik}$$
$$\sum_{r=1}^{n}\rho_j = 1$$
$$\rho \geqslant 0, i=1,2,\cdots,n, r=1,2,\cdots,q, j=1,2,\cdots,m$$

### (三)SBM 模型

传统 DEA 模型(CCR、BCC)基于有效前沿对决策单元(DMU)的投入产出进行评价，从而得出相应效率值，但忽略了径向距离的问题。因此，选用 SBM 模型可以解决这一问题。SBM 模型具体如下：

$$\min\rho_{SE} = \left(1/m \sum_{i=1}^{m}\bar{x}_i/x_{ik}\right) / \left(1/s \sum_{r=1}^{q}\bar{y}_r/y_{rk}\right)$$
$$\bar{x}_i \geqslant \sum_{j=1, j\neq k}^{n} x_{ij}\theta_j$$
$$s.t. \bar{y}_r \leqslant \sum_{j=1, j\neq k}^{n} y_{rj}\theta_j$$
$$\bar{x}_i \geqslant x_{ik}, \bar{y}_r \leqslant y_{rk}$$

### (四)DEA-Malmquist 模型

DEA-Malmquist 模型是 M 指数与 DEA 相结合进行全要素生产率计算的一种模型方法，在规模报酬不变的假设下，Malmquist 生产率指数可以分解为农业技术进步和农业技术效率两部分，即：

$$ML_{t,t+1} = TP \times TF$$

其中，

$$TP_{t,t+1} = \frac{1+D_0^{i,t}(x_i^{i,t}, y_i^{i,t}, b_i^{i,t}; y_i^{i,t}, -b_i^{i,t})}{1+D_0^{i,t+1}(x_i^{i,t+1}, y_i^{i,t+1}, b_i^{i,t+1}; y_i^{i,t+1}, -b_i^{i,t+1})}$$

$$TE_{t,t+1} = \left[\frac{1+D_0^{t+1}(x_i^{i,t+1}, y_i^{i,t+1}, b_i^{i,t+1}; y_i^{i,t+1}, -b_i^{i,t+1})}{1+D_0^{t}(x_i^{i,t+1}, y_i^{i,t+1}, b_i^{i,t+1}; y_i^{i,t+1}, -b_i^{i,t+1})} \times \frac{1+D_0^{t+1}(x_i^{i,t}, y_i^{i,t}, b_i^{i,t}; y_i^{i,t}, -b_i^{i,t})}{1+D_0^{t}(x_i^{i,t}, y_i^{i,t}, b_i^{i,t}; y_i^{i,t}, -b_i^{i,t})}\right]^{1/2}$$

技术效率变化测度的是在 $t$ 时期到 $t+1$ 时期相对技术效率的改善，反映了技术前沿的追赶程度；技术进步测度的是在 $t$ 时期到 $t+1$ 时期技术的进步，反映了全要素生产率变动对农业技术创新的依赖程度。$ML$、$TP$、$TF$ 若大于1，则表示全要素生产率、技术效率、技术进步实现了增长；反之则反是。

# 第四节 模拟与预测

政府在制定各种宏观经济政策时,要考虑到各行为主体预期对政策实施有效性的影响,积极促进公众理性预期的形成,从而更好地实现宏观调控的目标。一般的模拟与预测是在掌握一定信息资料的基础上,运用科学的方法手段,根据经济发展规律,对未来经济前景进行展望性推测。宏观经济预测方法有定性预测和定量预测。定量预测具有指标明晰、可计量等优势,已经成为宏观经济预测的基本方法,定量预测方法包括经济计量模型方法、宏观经济统计分析预测法、系统动力学方法、投入产出分析方法等;定性预测可作为定量预测的补充。宏观经济预测一般遵循以下基本原则:

(1)全面分析和掌握经济社会现象之间的内在联系。

(2)应从实际出发,以准确可靠的资料作为依据。

(3)根据研究对象特点,经过试验,选用科学的预测方法。

预测的一般步骤如图9—5所示。

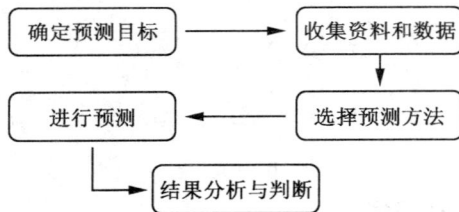

**图9—5 预测步骤**

1.宏观经济计量模型

经济计量模型是用经济学、数学、统计学相结合的方法建立的经济数学模型,它是根据经济理论和假设条件,建立模型,描述各经济变量之间的相互关系,并用数理统计的方法加以估计、检验与推测,从而对经济变量的未来数值进行预测。宏观经济计量模型可对国民经济进行经济结构分析、经济预测和经济政策评价,包括时间序列模型(ARMA)、向量自回归模型(VAR)、联立方程模型等。

2.宏观经济统计分析预测法

宏观经济统计分析预测法是以宏观经济理论为指导,从经济指标实际观测数据出发,对宏观经济总量和结构、国民经济运行过程及其整体进行统计分析,通过宏观经济统计指标的统计关系对宏观经济进行预测、分析的数量分析方法体系。传统的统计预测分析法有对比分析法、平均分析法、因素分析法、相关分析法、抽样分析法和动态分析法等；现代统计预测分析法有主成分分析、因子分子、聚类分析、典型相关分析和判别分析等。

### 3. 系统动力学方法

系统动力学方法是将宏观经济系统或其某一子系统作为具有连续变化的非线性的多回路信息反馈的复杂系统，综合运用系统论、控制论、信息论和组织理论，并采用一套计算机模拟（仿真）技术，对宏观经济进行预测分析的一种方法。系统动力学方法研究系统的因果反馈结构，通过定量模拟实验，揭示系统的行为模式或动态趋势。预测的主要步骤：首先，把被研究系统划分若干子系统，建立各子系统的因果关系；其次，构造系统的仿真模型，进行计算机仿真；再次，验证模型的有效性；最后，预测。

### 4. 投入产出分析法

投入产出分析法是美国经济学家瓦西里·列昂惕夫于 20 世纪 30 年代创立的一种经济数学方法，运用投入产出分析技术，着重研究整个国民经济各部门间在产品的生产与消耗之间的数量依存关系，也可用于研究各地区、部门、企业内部的各种经济联系。投入产出分析法就是通过投入产出表分析模型来对宏观经济进行预测分析，描述国民经济运行的全过程，揭示国民经济各部门之间的技术经济联系。

### 5. 定性预测方法

定性预测方法通过对预测对象过去和现在的发展情况进行调查，结合综合分析和判断来预测事物的未来发展变化的一种方法。它属于非模型预测法，主要预测未来事件的性质、发展趋向和发展的转折点。

### 6. 组合预测法

组合预测法是多种预测方法的组合，得出多个预测值，然后对这些预测值进行科学的分析、综合，以提高预测的精确度。它通过建立一个模型，把两个或多个以不同预测方法所得到的不同预测值，组合为一个新的预测值作为最后的预测结果。

### 7. 大数据预测法

大数据预测法是基于大数据进行宏观经济分析和预测，具有及时性、精准性、低成本等各种优势，是对传统方法的有益补充和改进，未来应用前景广阔。目前，国内外有关部门和研究机构在宏观经济分析领域都已开始运用大数据，在基于大数据构建宏观经济指数、在宏观经济预测模型中纳入大数据等方面做了大量尝试，应用越来越广泛。

### 一、动态随机一般均衡模型

动态随机一般均衡模型（Dynamic Stochastic General Equilibrium，DSGE）是一种宏观经济学模型，它试图通过一系列经济行为主体（如家庭、企业、政府和中央银行)的优化行为和市场摩擦来解释、预测经济变量的动态变化。DSGE 模型最早可追溯到真实经济周期模型(Real Business Cycle,RBC),在 RBC 模型的基础上加入经济行为主体(厂商、金融中介、政府部门等)、市场(产品市场、劳动力市场和金融市场等)以及摩擦(如黏性价格、黏性工资和黏性信息等)、扭曲(如垄断竞争、信息不对称等)和外生冲击,形成了 DSGE 模型。DSGE 模型的核心思想由 3 个(对数线性化)方程表示:

第一个是总需求方程(也称之为新凯恩斯 IS 曲线),即 Euler 方程:

$$X_t = E_t X_{t+1} - \frac{1}{\sigma}(i_t - E_t \pi_{t+1} - r_t^f)$$

其中,$X_t$ 为产出缺口;$i_t$ 为名义利率;$\pi_{t+1}$ 为通胀;$r_t^f$ 为自然利率,假设其服从 $AR(1)$ 过程,$\sigma > 0$ 为参数。总需求方程描述了产出缺口的决定关系。

第二个是价格调整方程,即新凯恩斯—菲利普斯曲线(New Keyensian-Philips Curve,NKPC)方程:

$$\pi_t = \kappa X_t + \beta E_t \pi_{t+1}$$

其中,$\pi_t$ 为通胀率;$\kappa$ 为模型结构参数的函数;$\beta > 0$ 为贴现因子。NKPC 曲线描述了通胀的决定关系。

第三个是货币政策规则,比如 Taylor 规则:

$$i_t = \rho_i i_{t+1} + (1-\rho_i)(\phi_\pi \pi_t + \phi_x X_t) + \varepsilon_{it}$$

其中,$\rho_i$、$\phi_x$、$\phi_\pi > 0$ 为参数

由于大多数行为方程都是非线性的,因此通常要在模型变量稳态值处,将其进行泰勒展开,以得到线性化的 DSGE 模型。校准法的是通过使模型的理论矩尽可能与观测数据一致而得到 DSGE 模型参数的校准值,即根据经验研究来确定模型的参数。极大似然估计法的操作分四步:首先,将线性理想预期的 DSGE 模型用其前定变量表示为缩写状态方程形式;其次,用观测方程将前定状态变量与观测变量联系起来;再次,用 Kalmann 滤波得到关于模型参数的似然函数;最后,最大化该似然函数得到模型参数的估计值。贝叶斯方法则是结合似然函数和模型参数的先验分布(prior distribution)得到后验分布的密度函数,通过将该后验分布关于模型参数直接最小化或采用蒙特卡洛—马尔科夫链(MCMC)抽样方法加以最优化即可得到 DSGE 模型结构参数的估计值。

金融危机之前,人们常常把 RBC 模型和 NK 模型称作"DSGE"。但金融危机之后,越来越多的人将 DSGE 看作是一种广泛理论框架,例如,Farmer(2017)。宏观经济模型中引入了金融因素、异质性代理人、内生增长、有限理性等特征,但基本仍在动态、随机、一般均衡的经济环境中来进行分析。Christiano 等(2018)更是指出,从广义和实践的角度来看,人们应该用 DSGE 指代增长与经济周期的定量模

型。DSGE 模型不仅在学术界流行,而且在决策机构也迅速得到应用。在 21 世纪第一个十年中,各国央行和国际组织(如 IMF)构建、使用 DSGE 令人印象深刻(见表 9—2)。

表 9—2 　　　　　　　　　　 各国央行和国际组织使用的 DSGE

| 机构 | 模型名称 | 年份 | 参考模型 |
| --- | --- | --- | --- |
| 欧洲央行 | NAWM | 2003 | Smets and Wouters (2003); Christoffel et al. (2008) |
| IMF | GEM | 2003 | Bayoumi (2004) |
| 美联储 | SIGMA | 2005 | Erceg et al. (2005) |
| 英格兰银行 | BEQM | 2005 | Harrison et al. (2005); Harrison and Oomen (2010) |
| 捷克央行 | G3 | 2005 | Benes et al. (2005) |
| 欧盟委员会 | QUEST | 2005 | Ratto and Röger (2005); Ratto et al. (2009) |
| IMF | GFM | 2006 | Botman et al. (2006) |
| 加拿大 | ToTEM | 2006 | Murchison and Rennison (2006) |
| 挪威央行 | NEMO | 2006 | Brubakk and Sveen (2009) |
| 芬兰央行 | AINO | 2006 | Kilponen and Ripatti (2006) |
| 西班牙央行 | BEMOD | 2006 | Andrés et al. (2006) |
| 智利央行 | MAS | 2006 | Medina and Soto (2006a) |
| IMF | GIFM | 2007 | Kumhof et al. (2010) |
| 瑞典央行 | RAMSES | 2007 | Adolfson et al. (2007) |
| 泰国央行 | | 2007 | Tanboon (2008) |
| 瑞士央行 | DSGE-CH | 2007 | Cuche-Curti et al. (2009) |
| 法国经济与财政部 | Omega3 | 2007 | Carton and Guyon (2007) |

纽约联储的经济学家 Del Negro 和 Giannoni(2017)认为,从理论上来说,DSGE 模型是一种理想的政策分析工具。除了美联储在使用 DSGE 模型进行宏观经济模拟与预测之外,世界其他国家的政府机构和国际组织也都建立了各自的 DSGE 模型来分析宏观经济,例如欧洲央行的 NAWM、加拿大银行的 ToTEM、英格兰银行的 BEQM、日本银行的 JEM、欧盟委员会的 QUEST Ⅲ 以及国际货币基金组织的 GEM 等。此外,以色列央行、捷克国家银行、瑞典央行、瑞士国家银行等也在使用 DSGE 模型的分析结果作为政策决策的参考(见表 9—3)。

表 9—3 各国政府机构和国际组织建立的 DSGE 模型

| 机构 | 模型名称 | 年份 | 参考模型 |
|---|---|---|---|
| 秘鲁储备银行 | MEGA. D | 2008 | Castillo et al.（2009） |
| 巴西央行 | SAMBA | 2008 | Gouvea et al.（2008）；De Castro et al.（2011） |
| 哥伦比亚央行 | PATACON | 2008 | González et al.（2011） |
| 澳大利亚储备银行 | | 2008 | Jääskelä and Nimark（2008） |
| 卢森堡央行 | LSM | 2008 | Deak et al.（2011） |
| 葡萄牙央行 | PESSOA | 2008 | Almeida et al.（2008，2013） |
| 南非储备银行 | | 2008 | Steinbach et al.（2009）；Du Plessis et al.（2014） |
| 新西兰储备银行 | KITT | 2009 | Lees（2009） |
| 西班牙央行 | MEDEA | 2009 | Burriel et al.（2010） |
| 捷克财政部 | HUBERT | 2009 | Stork et al.（2009）；Alitev at al.（2014） |
| 卢森堡央行 | LOLA | 2009 | Pierrard and Sneessens（2009）；Marchiori and Pierrard（2012） |
| 菲律宾央行 | | 2009 | McNelis and Glindro（2009） |
| 美联储 | EDO | 2010 | Chung et al.（2010） |
| 日本央行 | M_JEM | 2010 | Fueki et al.（2010） |
| 冰岛央行 | | 2010 | Seneca（2010） |
| 欧洲央行 | EAGLE | 2010 | Gomes et al.（2010），Smets et al.（2010） |
| 芝加哥联储 | | 2012 | Brave et al.（2012） |
| 以色列央行 | MOISE | 2012 | Argov et al.（2012） |
| 德意志联邦银行 | FiMOD | 2012 | Stähler and Thomas（2012） |
| 加拿大央行 | | 2013 | Dorich et al.（2013） |
| 纽约联储 | | 2013 | Del Negro et al.（2013） |
| IMF | Global DSGE | 2013 | Carabenciov et al.（2013），Freedman et al.（2009） |
| 瑞典央行 | | 2013 | Adolfson et al.（2013） |
| IMF | 宏观审慎模型 | 2014 | Benes et al.（2014） |
| 印度国家经济研究委员会 | | 2015 | Banerjee et al.（2015） |
| 新西兰央行 | NZSIM | 2015 | Kamber et al.（2015） |
| 捷克央行 | | 2017 | Clinton et al.（2017） |
| 瑞士央行 | | 2017 | Rudolf and Zurlinden（2014），Gerdrup（2017） |
| IMF | GFM | 2018 | Vitek（2018） |

### 二、系统动力学模型

系统动力学模型(System Dynamics Model)通过构建系统要素间的作用关系实现系统内部作用机理的可视化与数值模拟,分析变量间的关联与系统间的反馈机制。该类模型源于系统科学理论,而后福瑞斯特(Forrester)将工业动力学(解决工业生产的经营管理问题)拓展至经济学领域,常以经济社会系统为主要研究对象,借助因果关系(因果链和反馈环)表现系统的内部结构,以系统论、控制论、信息论为理论基础,运用定量分析和定性分析相结合的研究方法,通过计算机仿真揭示系统动态行为及其演变。近年基于系统动力学模型的研究强调定量与定性方法的结合,通过领域知识与理论的引入,推动模型架构在不同分支研究领域中的发展和达成共识。

例如,通过构建系统动力学模型模拟养老服务整合的可能性。养老服务供需系统是一个复杂的非线性系统,用系统动力学深入研究养老服务供需系统的构建,充分考虑养老服务供需系统中资源供给的有限性,强化政府、养老服务机构、社会组织、家庭和老年群体的协同,有无可比拟的优势。从养老服务的供给和需求出发,构建养老服务供需均衡系统动力学模型,试图找到促进养老服务供需均衡的关键因素。一方面探索优化养老服务供需主体的协作策略,另一方面以财政支持力度和养老服务人力资源作为约束条件,充分考虑系统资源供给的上限,尽可能真实地模拟系统运行情况,增强系统仿真模型的理论实用性。考虑到指标可调节的现实可行性,本项目将养老服务资金、床位利用率和养老服务机构占比等影响因素考虑在内,构建养老服务供需的系统动力学模型,在此基础上深入探讨养老服务供需关系的发展趋势,分析相关因素变化所产生的影响,以期为政府政策调整提供依据,为养老服务业健康发展提供理论参考和支持。

#### (一)模型假设

首先,根据国际上对老龄化的定义,结合我国人口统计指标中年龄的分类,本项目的老年人是指 65 岁及以上的老年人。其次,考虑到接受养老服务老人的个人特征,假设代际居住分离的老人,并且自理能力较差的老人都有养老服务的需求。

#### (二)因果关系分析

根据养老服务模式的发展动态,将其分为需求子系统、经济子系统和供需子系统三个子系统。其中,需求子系统主要描述养老服务的需求量,经济子系统主要描述养老服务的供给量,而供需子系统主要衡量养老服务的供需水平。这三个子系统又分别涉及多个复杂的动态因素,这些影响因素和作用机制是建立养老服务供需动态仿真模型的基础。

(1)需求子系统。从需求方面来看,影响养老服务有效需求水平的因素很多。

首先,子女居住状态、老人自理能力是影响养老服务有效需求水平的重要因素,日益加深的老龄化、失能化程度使得养老服务的需求不断增加。其次,老年人接受社会养老的意愿、老年人的收入水平也在一定程度上制约着老年人对养老服务的有效需求。

(2)经济子系统。消费、投资和出口是拉动我国经济增长的主要因素。国内生产总值是消费、投资、政府采购和进出口的总和。因此,国内生产总值增长率受到最终消费支出增长、投资增长和净出口增长的影响。在本系统中,选取国内生产总值作为状态变量。

(3)供需子系统。从供给方面来看,财政支持和社会资本投入越多,用于提供养老服务的资金就越多,养老服务市场规模就越大,相应的市场规模就越大。此外,养老服务市场规模的大小还受到其在各类服务中占比的影响。养老服务的市场规模、财政支持模式、补贴规模和形式直接影响养老服务的规模和定价,进而影响养老服务的利用率和空置状态,从而反映出养老服务的有效供给。除此之外,养老服务的供给还受人力资源的影响,失能、半失能老年人特殊的身体状况使其对养老护理人员的需求及要求更高,但是,由于目前我国养老护理工作的社会认同度仍然较低,加之人才培养体系碎片化严重,导致养老服务业人力资源流失率高,护理队伍稳定性差。据统计,每年养老护理人员流失都在 1/3 以上,愿意长期从事养老护理工作的人员比例不到 1/2。养老护理人员的缺失极大地制约了养老服务的有效供给。养老服务供需比是养老服务有效供给与有效需求的比值,与有效供给同向变化,与有效需求反向变化。在本系统中,假定当供需缺口较大,整合乡村社会养老服务,则供需缺口→整合养老服务→增加有效供给形成反馈系统闭合回路。

**(三)系统流图构建**

养老服务供需系统因果关系错综复杂,各影响因素相互依赖又相互制约。根据需求子系统、经济子系统和供需子系统的因果关系、影响因素及系统特征,构建养老服务供需系统动力学仿真模型,绘制养老服务供需系统流图。

**(四)模型参数及函数设定**

根据系统动力学原理与养老服务模式所涉及的影响因素,对模型中主要参数及函数关系进行设定与分析。其中,GDP 和养老服务资金为状态变量(Level Variable),GDP 增长量和养老服务资金增加量为速率变量(Rate Variable),用于养老机构的资金比例、养老服务机构占比、失能率、床位补贴、床位利用率、人力资源限制、老年人机构养老意愿、老年人经济约束为常量(Constant Variable),其他为辅助变量(Auxiliary Variable)。

**(五)模型检验**

(1)历史性检验。本项目通过对 GDP 状态变量进行历史检验,从而验证模型的有效性与适用性,得到 2008—2023 年的模拟值与实际值。一般认为,误差率在正负 10％以内,模型预测结果较好。

(2)积分误差检验。为保证模型精度,本项目进行了积分误差检验,主要判断时间间隔是否合理。检验结果发现,当时间间隔改变时,GDP 的模拟曲线基本一致,可以认为误差较小,模型精度较高。

### (六)模型仿真对比分析

2011 年,《中共中央关于制定国民经济和社会发展第十二个五年规划的建议》首次提出"建立和完善以居家为基础、社区为依托、机构为支撑的社会养老服务体系",开始探索农村养老服务体系建设。所以,本研究运用系统动力学软件 Vensim LE 进行仿真模拟,将初始时间设定为 2011 年,终止时间设定为 2035 年,共 25 年,步长为 1 年。以养老服务为研究对象,通过改变养老服务资金、床位利用率和联合体占比进行对比分析,从而提出解决我国劳动力流动背景下,代际居住分离使得社会养老服务供需失衡的社会现状和未来养老需求持续扩大的对策建议。

### 三、微观模型

微观视角的模拟与预测,多以个体、家庭、企业为研究单元,基于"自下而上"的模型架构,通过聚合微观个体的行为结果以进行模拟与预测。代表性模型包括元胞自动机(cellular automata)和主体模型(agent－based modelling,或称智能体模型)、机器学习法预测。

### (一)元胞自动机

元胞自动机是一种基于个体行为的动力学仿真模型,源于对复杂科学(complexity science)理论的微观表述,其核心是对元胞(cells)、状态(states)、邻域(neighbors)和转换规则(rules)的定义与表述。

### (二)主体模型

主体(或称智能体)模型也是一种动力学仿真方法,核心是对各主体(如居民个体、家庭、企业)属性(attributes)、目标(goals)和行为(behaviors)的定义。相较于元胞自动机,主体模型对主体的定义具有更高的灵活性。主体模型关注模型主体间以及主体与环境间的互动关系,并以此反映其引致的空间结果,包括模型功能的复合化(如元胞自动机结合主体模型)和市场供求动态关系的表述。

### (三)机器学习法预测

机器学习,是指利用算法来检测数据中的模式。一个学习系统可以利用训练数据集,找出输入信息(如图片)的特征与输出信息(如标签)之间的关联,包括 KNN 算法、Kmeans 算法、决策树算法、贝叶斯公式、线性回归、非线性模型、神经网络、mlr3 包。回归预测建模的核心是学习输入 $X$ 到输出 $y$(其中 $y$ 是连续值向

量)的映射关系。条件期望 $E(Y|X=x)$ 是 $X$ 到 $y$ 的回归函数,就是将样本的特征矩阵映射到样本标签空间。

例如使用机器学习法预测黄金的价格:

创建一个机器学习线性回归模型,该模型从过去的黄金 ETF(GLD)价格中获取信息,并返回第二天的黄金价格预测。

步骤如下:

(1)导入库并读取黄金 ETF 数据;

(2)定义解释变量;

(3)定义因变量;

(4)将数据拆分为训练数据集和测试数据集;

(5)创建线性回归模型;

(6)预测黄金 ETF 价格;

(7)绘制累积收益。

## 建议阅读的文献

1. 陈强. 高级计量经济学及 STATA 应用[M]. 2 版. 北京:高等教育出版社,2016.

2. Ashenfelter, O. , 1978, "Estimating the Effect of Training Programs on Earnings", *The Review of Economics and Statistics*, 60 (1): 47-57.

3. Gilchrist, D. , Emery, T. , Garoupa, N. and Spruk, R. ,2023, "Synthetic control method: A tool for comparative case studies in economic history", *Journal of Economic Surveys*, 37, 409-445.

4. Miller, D. L. , 2023, "An Introductory Guide to Event Study Models", *Journal of Economic Perspectives*, 37 (2): 203-30.

5. Arrow, K. J. ,1962, "The Economic Implications of Learning by Doing", *Review of Economic Studies*, 29(3):155-173.

6. 郭庆旺,贾俊雪. 中国全要素生产率的估算:1979—2004 [J],经济研究,2005(6):51—60.

7. Acemoglu, D. , 2003, "Labor - and Capital - Augmenting Technical Change", *Journal of the European Economic Association*, 1(1):1-37.

8. Solow, R. M. , 1957, "Technical Change and the Aggregate Production Function", *Review of Economics & Statistics*,39(3):312-320.

9. Fare, R. , Grosskopf, S. and Russell, R. R. , 1998, *Index Numbers: Essays in Honor of Sten Malmquist* , Boston: Kluwer Academic Publishers.

10. Shephard, R. W. , 1970, *Theory of Cost and Production Functions* , Princeton: Princeton University Press.

11. Charnes, A. , Cooper, W. W. and Rhodes, E. , 1978, "Measuring the Efficiency of Decision-Making Units", *European Journal of Operational Research* , 2(6):429-444.

12. An S. and Schorfheide, F. , 2007, "Bayesian Analysis of DSGE Models", *Econometric Reviews* , 26(2-4):113-172.

13. Greenwood, J. , Hercowitz, Z. and Huffman G. W. , 1988, "Investment, Capacity Utilization, and the Real Business Cycle", *American Economic Review* , 78(3):402-417.

14. Hansen, G. D. , 1985, "Indivisible Labor and the Business Cycle", *Journal of Monetary Economics* , 16(3):309-327.

15. Christiano, L. J. , Motto R. and Rostagno, M. , 2014, "Risk Shocks", *American Economic Review* , 104(1):27-65.

# 第十章

## 论文写作与修辞

论文是对某一研究课题进行研究所取得的成果的科学记录,用以学术交流、讨论或在学术刊物上发表,以及应用于其他方面的书面文件。论文的形式包括课题研究报告、调研报告、学术研究论文、学位论文、学术专著以及决策咨询报告等。写作与修辞对于论文的成败具有非常重要的作用,它不仅衡量一个研究者的学术水平和科研能力,而且反映研究者的表达能力和综合素质。

## 第一节  论文的结构

一般而言,研究论文由六大部分组成,即导论、分析框架与模型、实证分析、结论、参考文献和附录。

### 一、导论

导论是研究论文的浓缩,它概要地阐述研究的背景、思路、结构、希望解决的问题以及主要观点,让读者对研究有一个大体的概念,有助于读者对论文主体的认识和理解。导论在一篇研究论文中有着重要的意义,并非可有可无之物。一篇论文的质量高低可以从导论略见一斑,审稿人往往通过导论就可以大致判断论文的质量和作者的学术功底。

导论通常包括以下几个部分:

**(一)问题的提出**

应采用尽可能简练的语言陈述所提出问题的原因和背景,以及研究该问题的理论和实际意义。如果是已经研究过的问题,作者应进一步阐述重新加以研究的原因,是前人尚未完整地解决该问题而有进一步深入研究的必要,还是作者发现了一种新的研究思路和解决方法。

**(二)研究的基本思路和分析框架**

应完整且简明扼要地阐述解决问题的思路和方法,以及所采用的分析框架或模型。

### (三)文献综述

文献综述是对前人所进行的研究的一般考察和概括,让读者了解作者的研究与前人研究的联系、区别和创新之处。因此,综述必须围绕所研究的问题展开,综合论述前人所完成的工作,把握当前的研究水平和研究前沿,分析现有研究中存在的问题和不足,探讨新的研究思路和可能的研究方向,为自己的研究提供支持。

### (四)论文的结构安排

在导论的最后部分,可以简要地介绍论文的结构安排。

## 二、分析框架与模型

分析框架是研究者对将要解决的研究问题所设计的基本思路和解决方案。分析框架依据相关经济理论来设定整个分析研究进行的逻辑顺序,即先把研究的问题分解为具体的概念,然后分析这些概念与其他相关概念的关系,在经济理论的基础上建立起问题产生、变化、解决的逻辑框架。分析框架需要解决的问题包括:(1)经济现象产生的原因与发展过程为何,即引起现象产生和发展的条件、环境、政策、运行过程等;(2)选择解决问题的路径和办法;(3)分析与确定所研究经济现象的有关变量;(4)概念化整个问题分析体系中的各种内在、外在关系;(5)对经济现象分析的可能结果作出假设(可检验的命题),并在随后的研究中检验这些假设(证实或证伪)。

研究中常用的模型大致分为经济行为模型和实证计量模型两类。经济行为模型就是依据经济理论,采用数学方法来确定、推导和演绎人类的经济行为。而实证计量模型则是根据经济现实中实际发生的经验事实,所建立起的经济现象及其主要因素之间数量关系的方程式,用于描述、概括现实经济现象的数量特征与数量变化规律,实证检验研究假设或行为模型。

模型选择的正确与否和分析技巧的高低往往决定了研究者解决所研究问题的深度和可信度,以及得到的基本结论的正确程度。好的模型不仅可以使研究者透彻地阐述和论证其基本观点,得到完美的结论,而且可以成为其他研究者借鉴的分析工具。经济分析中模型的构建通常会采用这样的技巧:先用一个约束条件(假设)比较严格、形式较为简单的基本模型对经济现象进行分析,以获得基本结论;然后进一步放松约束条件,将基本模型扩展到更为一般的分析之中,使模型的分析更接近经济现象本身。模型的扩展一般包括两个方面:一是基本模型的扩展,如将离散的模型扩展为连续的模型,将静态的模型扩展为动态的模型;二是放松约束条件,以拓展基本结论的适用范围,使模型更接近经济现实。

目前,在主流经济学的所有领域都有大量较为成熟的、被普遍接受的模型,研究者需要熟练掌握这些模型的基本方法,包括基本假设、基本技巧和基本结论。

### 三、实证分析

实证分析是论文的核心部分,在应用经济研究中,理论分析如果得不到实证的支持和验证,无论理论的形式有多么完美,都没有实际意义,实证分析对于经济学的重要性不言而喻。因此,在应用经济学论文中,采用定量方法分析经验证据,验证理论分析的正确性和适用性,得到现实经济现象与相关因素之间的内在数量联系,是理论联系实际、解决现实问题必不可少的部分。

实证分析通常可以分为数理实证分析和案例实证分析两类。数理实证分析采用数学计量工具来分析经济现象之间的数量关系,从而把握复杂现象之间的内在联系,比较适用于研究较为复杂的问题。然而,数理统计意义上的相关关系在现实中未必存在必然的内在联系,将两个没有内在联系却有相同时间趋势的现象不假思索地联系起来就会得到荒谬的结论,这种现象在计量经济学中被称作伪回归或者伪相关。例如,从统计证据来看,病人的死亡率和医生的医术水平高低这两个数据高度相关,也就是说,医术越高明的医生,在他手上死亡的病人越多。但这不是真实因果关系,因为它们都受到第三个因素的制约和影响,这第三个因素就是病人的病情。一般而言,重症病人往往去找医术高明的医生,而重症病人的死亡率很高,所以受病情这个因素的影响,医术与死亡率才高度相关,缺少了病情这一因素,医术与死亡率之间的关系就是伪相关。特别是在农业经济研究领域,如果不熟悉农业和农村的相关状况,就很容易出现类似的错误。

案例实证分析是通过实际案例来分析问题,通过实际案例对经济现象进行判断和分析,提出解决问题的办法和思路,并推广到一般的分析方法。案例实证分析可以分为单个案例研究和多个案例研究。因为案例分析可以完全直接地考察和分析研究对象,从而能比较深入和全面地剖析经济现象。但案例分析也有明显的局限性,如案例分析的归纳不是统计性的而是分析性的,这必定使归纳带有一定的随意性和主观性。另外,案例分析没有一种标准化的数据分析方法,证据的提出和数据的解释带有可选择性,研究者在意见上的分歧以及研究者的其他偏见都会影响数据分析的结果。

在案例实证分析中,伪实证是一个不能回避的问题。所谓伪实证,就是研究者用理论预设或价值偏好来剪裁经验事实的做法,它本质上是对实证研究的反动。研究者不是去发现事实、解释现象、分析问题,而是事先拟定研究结论,预设观点再找证据,希望寻找到一些经验事实来证实自己的预设结论或价值偏好。因此,在这种思维下进行调查所获取的事实就不是客观的事实,而是经过裁剪或过滤的事实,其结果往往与真实情况相距甚远,实际上,这是一种作伪的研究。

在农业经济研究中,如果研究者不熟悉农业、农村和农民,不能够从理论上把握有关问题的逻辑关系,在数理实证分析中就容易犯伪相关的错误,运用案例实证分析就容易犯伪实证的错误,从而导致分析错误,得不出有价值的结论。

### 四、结论

任何一篇完整的研究论文必须要对研究的发现进行总结,即用凝练的语言将论文所得到的基本结论及其意义作出归纳性总结,同时对于本研究所未能解决的问题以及模型和结论的局限性作简短的说明。提出这些开放性的问题将有助于后继的研究者进一步深入研究。

### 五、参考文献

参考文献的引述必须恰当,既要避免遗漏重要的文献,又要避免过多罗列并不直接相关的文献。一般参考文献中所列的论文或著作应当是作者在论文中提及的文献。

### 六、附录

为了使正文比较精练,较为冗长的定理证明、实证分析的具体过程以及辅助数据表格可以放在附录中。

## 第二节 经济研究论文的主要形式

经济研究论文的主要形式一般有课题研究报告、调研报告、学术论文、学位论文和决策咨询报告等。

### 一、课题研究报告

#### (一)导论或引言

导论是课题研究报告的开场白,用以说明开展这项课题研究工作的背景及意义;介绍前人在该研究领域业已获得的成果与发现、最新进展以及存在的问题和可以进一步深入研究的问题;阐述本研究的目的、计划解决什么问题、采用什么理论与方法来支撑研究的进行。导论应简明扼要、言简意赅,切忌面面俱到,或文不对题、不着边际。

#### (二)正文

正文是课题研究报告的主体,主要内容包括文献综述、分析框架与模型及实证分析等,是研究报告中体量最大的部分,研究的质量和水平均需要在正文中得到完美的体现。因此,需要研究者对正文部分的撰写倾注大量精力并精心组织。要写好正文部分,必须充分掌握翔实的经验证据和数据,给出正确的分析框架,选择合适的分析模型来对所研究的问题进行梳理、分析、论证、判断、综合,最后得出正确结论。全文的写作要沿明确的逻辑主线展开,用翔实的经验证据和实证数据来支持、说明和证实自己的观点。既不能将研究报告的主体写成资料和数据的简单堆砌罗列,缺乏观点,没有逻辑,也不能对问题缺乏充分的论证,只有观点,没有经验证据和实证数据支持,把报告写成小说。为了生动形象地表达研究报告的内容,减少不必要的文字叙述,通常可以采用各种形式的图、表来集中反映数据和现实情况。研究报告正文部分采用的图表应准确、精练、形式美观,成为文字部分的有效补充和形象反映,不能滥用图表、喧宾夺主。

### (三)结论

结论部分是研究者对经过充分分析研究所得出的观点和证据的总结性阐述,是研究报告精华的集中展示。结论必须集中、精练、言简意赅。同时,也有必要在结论中说明该研究问题解决的范围和程度,以及哪些问题已经解决,还有什么问题尚待研究。结论有时也可以结论和建议的形式撰写,在总结的同时提出解决现实经济问题的相关政策措施建议,以供有关部门参考。需要注意的是,结论不是正文部分内容的简单重复,而是研究主要发现和观点的凝练,要用词严谨、逻辑严密、文字简明。

### 二、调研报告

调研报告是根据社会或工作的需要,通过对某一问题、某一事件或某一情况的实际状况的调查了解,将收集到的情况和事实加以系统整理、分析和研究,揭示出事物本质和规律,总结出经验,最终以书面形式向有关组织和部门报告情况与分析结论的一种文体形式。调研报告的主体通常包括前言、主体(正文)和结尾三部分,但其写作内容和文体与课题研究报告有较大区别。

### (一)前言

前言应简要清晰地交代调研的背景、动因和目的,调查的时间、地点、对象和范围,调查采用的方法及调查过程,调查所得到的简要结论等。前言的写作方式一般有提要式、交代式、问题式三种。提要式,即将调研对象最主要的情况做出概述,使读者对基本情况有一个基本的了解。交代式,即简要地交代调研的目的、方法、时间、范围、背景等,使读者对调研的过程和基本情况有所了解。问题式,即开门见山提出问题,引起读者对所调研问题的关注。作者可以根据需要来组织文字,不必面面俱到。前言要求文字简练、高度概括、紧扣主题,为正文的展开做好铺垫。

### (二)主体

在调研报告的主体部分,要详细介绍调研的主要内容,包括调查方法、调查程序、调查结果以及分析和政策建议等。主体通常可以分三大部分进行写作:首先是情况部分,用准确、简明的语言介绍调查所得到的基本情况,同时可以辅以统计图、表等形式使文章生动形象。其次是分析部分,要紧密结合调查获得的资料,重点分析问题或现象产生的背景、原因、实质、规律以及未来可能的趋势,写作要结构严谨、逻辑清晰、分析透彻,切实抓住问题的实质与核心,让读者可以充分认识到问题的本质、重要性或危害性。最后是建议部分,在深入分析研究调查获得的情况后,根据实际并结合国家、地方改革和发展的大方向,提出解决问题的建议,为有关部门提供参考。

调研报告主体的结构主要有以下三种形式:

1. 横式结构

这种报告形式是围绕调查内容的主题,将情况归纳成几个主要问题来写作。主要问题还可加以细分,以次级标题形式组织撰写。这种写作结构能够做到观点鲜明、中心突出、逻辑清晰。典型经验性质的调研报告多采用这种形式。

2. 纵式结构

这种写作格式有两种形式:一种是按调查事件的起因、发展和先后次序进行阐述和分析,多用于一般情况调研报告和揭露问题的调研报告,有助于读者对问题的发生、发展过程和未来趋势有全面深入的认识;另一种是按问题现状、原因、结论层层递进的方式安排结构,多用于综合性调研报告。

3. 综合式结构

这种调研报告形式兼有纵式和横式两种结构的特点,互相穿插配合,组织安排材料。通常在叙述和议论问题或事物的发展过程时用纵式结构,而写收获、认识和经验教训时采用横式结构。

### (三)结尾

结尾是对调研报告的归纳说明,可以是总结主要观点,深化主题,对事物发展做出展望,提出努力的方向,启发人们进一步去探索;也可以提出建议,供领导参考;或者是提出尚存在的问题或不足,说明有待今后研究解决,以及补充交代正文没有涉及而又值得重视的情况或问题。不同的调研报告,结尾的写法各不相同,一般来说,结尾要简洁、简练,没有必要的可以不写。

## 三、学术论文

学术论文是某一研究项目在理论性、实证性或预测性上有新的发现、发展或创新的科学记录,或是将某些已知原理应用于实际经济活动取得新进展的科学总结,用以在学术会议上交流、讨论或在学术刊物上发表,或用作其他用途的书面文件。

一般而言,学术论文应具备学术性、科学性、创造性和理论性的特点。学术论文的学术性意味着论文分析、研究和探讨的内容应具有专门性和系统性,论文的写作应使用规范化的专业术语和书面化的语言;学术论文的科学性包括问题的科学性、方法的科学性、内容的科学性和表达的科学性,即所研究的问题是一个科学的问题、所采用的方法是科学的方法、所分析阐述的内容真实可靠、表达的方式符合专业科学标准;学术论文的创造性在于作者要有自己独到的见解,能提出新的观点、新的理论,或者在继承前人研究成果的基础上有所发展、完善;学术论文的理论性反映在论文必须建立特有的理论分析系统,不能只是材料和数据的罗列,而是应该依据专业理论对经验事实及数据进行分析、研究、判断,将感性认识上升到理性认识。

## 四、学位论文

学位论文是学术论文的形式之一,是高等学校、科研机构的学生为申请某种学位所撰写提交的研究论文,有学士论文、硕士论文、博士论文三种。学位论文的一般结构基本为本章第一节中的内容。高等学校、科研机构都会规定学位论文的格式,一般均参照《中华人民共和国国家标准(UDC 001.81、GB 7713-87)科学技术报告、学位论文和学术论文的编写格式》执行。

学位论文特别是研究生学位论文实际是建立在某一具体经济问题研究基础上的研究报告,但与一般课题研究报告有一定的区别,研究生学位论文还必须能够反映研究生对所学习专业的基础理论知识掌握的程度和水平、独立的科研能力和学术理论的应用水平以及对所研究问题的全面思考和独立见解。因此,研究生学位论文不仅应当具有一定的理论深度、学术水平和创新,而且要求论文数据资料翔实充分、论证分析详尽缜密、推理演算思路清晰、结构规范清晰、专业词汇运用准确。

根据以上对研究生学位论文的要求,论文的选题就显得非常重要,如果学位论文的题目过大或过难,完成研究写作任务的难度就比较大,难以在规定时间内得出结果并提交论文;反之,题目过于简单,则反映不出研究生专业基础知识的掌握程度、理论的应用水平和独立科研的能力,达不到写作学位论文的目的。因此,选择一个难易程度大小合适的题目,可以保证写作的顺利进行。所以,学位论文选题要避免平庸、浅薄、宽泛、大题小做等情况。学位论文选题通常可以从两方面着手,即从现实经济生活中发现一个值得且能够研究的实际问题,或者根据经济学理论提炼出一个值得且能够研究的理论问题来作为学位论文的研究课题。

### 五、决策咨询报告

决策咨询报告是研究者为国家和政府部门制定各类发展战略、规划、政策以及建设方案所提供的决策依据或可供选择的方案的研究报告，目的是以建议、参谋的形式为决策部门提供科学的决策依据，在决策过程中发挥辅助性作用。决策咨询报告针对的读者是国家或政府部门的领导，因此，决策咨询报告的写作就与课题研究报告、调研报告和学位论文有很大的不同，通常要求决策咨询报告具备主题明确、立意清晰、简明扼要、短小精悍的特点，尽量省略决策者已知的信息和知识，集中陈述决策者不了解、该知道、想知道的内容，所以决策咨询报告的篇幅一般以3 000～5 000字为宜。

决策咨询报告根据文体的不同可以分为陈述型、调研型、实证型和理论型四类。

陈述型决策咨询报告以陈述为主，将研究者经过调查研究和分析论证所提出的政策性问题或政策性意见，有机地融合于决策咨询建议和方案的陈述过程中。

调研型决策咨询报告以对问题的实地调查研究为依据，分为实际情况介绍、分析论证、提出政策(措施)咨询建议与方案三个层次写作。

实证型决策咨询报告以对现行政策及其措施的实证性分析研究为基础，按照归纳现行政策及其措施所取得的实践经验和理性认识、所存在的政策性问题与原因分析、提出政策(措施)咨询建议和方案三个层次写作。

理论型决策咨询报告以理论性研究为主要特征，在对政策性问题或政策性意见进行理论层面的深度剖析的基础上，提出政策咨询建议，为政策制定提供理论依据、理论原则和设计思路。

决策咨询报告通常应该具备三个特点：一是可操作性，决策咨询报告不是学术性的研究报告，所提出的政策性意见和建议必须具备可操作性；二是语言简练，必须使用简单明白的语言，尽可能避免专业和学术术语，做到文章短小精悍、流畅易读，在必要的情况下，可以将术语解释、数据分析、模型、补充说明等作为附录附于报告之后，尤其要避免在决策咨询报告中炫耀专业理论而把报告做成学术论文；三是要善于利用图表归纳总结信息，即用图形来呈现思路，用表格来归纳信息，用文本框来补充信息，以有效减少读者整理信息的压力和时间，便于决策者集中精力思考政策方案的必要性、合理性、可行性和有效性。

# 第三节　修　辞

语言的运用对于经济学很重要，经济研究论文除了分析事实、阐明问题和解释现象外,还需要具备说服的技巧,经济研究者需要善于说服别人,使读者相信并且理解这一研究所论述的就是事实或者是现实存在。现代主流经济学之所以热衷于用各种数学模型和数据处理技巧,很大程度上在于想通过这种形式使人们相信它所做的研究具有严密性和客观性,从而具有"科学"的特性。A. 克莱默指出:"经济学牵涉到说服的艺术,在缺少统一的标准和明确的经验检验的情况下,经济学家必须依赖判断,他们也进行辩论以使其判断能说服人。"[①]因此,论文的表达和修辞对于经济研究者的意义是不言而喻的,学术论文好的表达,需要准确、简洁、容易理解,能够充分表达作者的观点和目的。

学术论文的表达需要具备科学性、精确性和简洁性,这就决定了学术论文的语言表达必须思维严密、推论合乎逻辑、表述准确。语言的精确性必须体现为文字表意的准确,要选用恰当的词语,忠实地表达观点和问题,符合客观事实。如果学术论文的语言表述不准确,不但在达意上会打折扣,甚至还可能与想表达的意思背道而驰。语言的准确还要表现为无歧义地表达概念和观点,不能似是而非,需要遵循语法规则来造句,遵循语法规则展开议论,如果需要叙述,一般也是用直叙,不能采用夸张、比拟和暗喻等文学修辞手法,语言要选用含义确定的词语,不用冷僻或生造的词语,确保词语的通俗易懂,以免语意曲折隐晦、模棱两可、似是而非。

学术论文的语言还需要在准确的基础上简洁明了、言简意赅。语言的简洁不一定与论文的篇幅相关,而是说文章要去除多余的修饰性语言,要言之有物、语言精确、说理透彻、论证严密、层次清晰。

### 建议阅读的文献

1. 吉纳·威斯科. 研究生论文写作技巧[M]. 王欣双等,译. 大连:东北财经大学出版社,2012.

2. 刘耀国. 政策咨询报告的文体特征和语用要求[J]. 广播电视大学学报(哲学社会科学版),2004(1):47—51.

3. 霍唤民. 经济论文写作[M]. 北京:首都经济贸易大学出版社,2004.

---

① Klamer, A. ,1984, *The New Classical Macroeconomis: Conversations with New Classical Economists and Their Opponents*, Brighton Harvester Whearsheaf Books, p. 234.

# 第十一章

## 学术伦理

### 第一节　学术伦理概述

　　"伦理的"（ethical）一词源于希腊文"ethos"，意指一个人的品格或是一个团体的共有习俗，做研究更要求我们去界定自身的道德原则，从而选择要求尊崇或漠视的原则。① 学术伦理是以学术研究为职业的研究者的道德准则与行为规范，是研究者、学术组织与社会共同约定的职业道德准则，它源于研究者内心的道德认同、意志选择和生存需要，并不是出于任何外在的强制力量和社会压力，体现了研究者自觉的学术担当和自律性要求。因此，有些事情是研究者明显不可以做的：

　　（1）有道德的研究者不会抄袭或剽窃他人的研究成果；

　　（2）他们不会虚报数据或捏造结果；

　　（3）他们不会拿出正确性可疑的资料，除非他们自己质疑；

　　（4）他们不会隐瞒无法反驳的反对意见；

　　（5）他们不会嘲讽或曲解反对的观点；

　　（6）他们不会破坏或隐瞒对后续研究者而言很重要的资料。②

　　学术伦理是科学研究中无所不在且无法回避的问题，它对于科学研究和学术发展的健康与否至关重要，学术伦理是强调自律的规范性要求，研究者必须自觉地成为科学和知识的守护者。

　　在科学研究中，抄袭、剽窃以及一稿多投等不良行为时有发生，这种行为违背了科学精神和道德，败坏了学术风气，是学术研究的毒瘤。教育部在 2009 年 3 月 19 日发出《关于严肃处理高等学校学术不端行为的通知》，列举了必须严肃处理的 7 种高校学术不端行为：

---

① 韦恩·C. 布斯等. 研究是一门艺术[M]. 陈美霞等，译. 北京：新华出版社，2009：277.
② 韦恩·C. 布斯等. 研究是一门艺术[M]. 陈美霞等，译. 北京：新华出版社，2009：278.

(1)抄袭、剽窃、侵吞他人学术成果；

(2)篡改他人学术成果；

(3)伪造或者篡改数据、文献，捏造事实；

(4)伪造注释；

(5)未参加创作，在他人学术成果上署名；

(6)未经他人许可，不当使用他人署名；

(7)其他学术不端行为。

2012 年 12 月，中国知网发布了《学术期刊论文不端行为的界定标准》(公开征求意见稿)[①]，该标准把学术不端行为划分为三类，即论文本身存在的不端行为、作者署名中的不端行为、投稿和发表过程中的不端行为。具体包括剽窃、伪造、篡改、不当署名、一稿多投、重复发表、拆分发表、相关研究伦理问题以及其他问题。具体界定如下：

1.剽窃

直接将他人或已存在的思想、观点、数据、图像、研究方法、文字表述等，不加引注或说明，以自己的名义发表；过度引用他人已发表文献的内容。

(1)剽窃观点。

·直接使用他人已发表文献中的论点、观点、结论等，却不加引号和引注。

·不改变其本意地转述他人的论点、观点、结论等，却不加引注。

·对他人的论点、观点、结论等删减部分内容后使用，却不加引注。

·对他人的论点、观点、结论等拆分或重组后使用，却不加引注。

·对他人的论点、观点、结论等增加一些内容后使用，却不加引注。

(2)剽窃数据。

·直接使用他人已发表文献中的数据，却不加引注。

·对他人已发表文献中的数据进行些微修改后使用，却不加引注。

·对他人已发表文献中的数据进行一些添加后使用，却不加引注。

·对他人已发表文献中的数据进行部分删减后使用，却不加引注。

·改变他人已发表文献中数据原有的排列顺序后使用，却不加引注。

·改变他人已发表文献中数据的呈现方式后使用，如将图表转换成文字表述，或者将文字表述转换成图表，却不加引注。

(3)剽窃图像。

·使用应经许可才能使用的他人已发表文献中的图像，却未获得许可。

·使用可不经许可使用的他人已发表文献中的图像，却不加引注。

---

① http://check. cnki. net/Article/rule/2012/12/542. html.

· 对他人已发表文献中的图像进行些微修改后使用，却不加引注。

· 在他人已发表文献中的图像上添加一些内容后使用，却不加引注。

· 在他人已发表文献中的图像上删除部分内容后使用，却不加引注。

· 在他人已发表文献中的图像上增强部分内容后使用，却不加引注。

· 在他人已发表文献中的图像上弱化部分内容后使用，却不加引注。

（4）剽窃研究（实验）方法。

· 直接使用他人已发表文献中具有独创性的研究（实验）方法，却不加引注。

· 对他人已发表文献中的研究方法的一些非核心元素修改后使用，却不加引注。

（5）剽窃文字表述。

· 直接使用他人已发表文献中的文字表述，却不加引注。

· 成段使用他人已发表文献中的文字表述，虽然进行了引注，但对所使用文字不加引号，或者不改变字体，或者不使用特定的排版方式显示。

· 多处使用某一已发表文献中的文字表述，却只在其中一处或几处加以标注。

· 连续使用来源于多个文献的文字表述，却只标注其中一个或几个文献出处。

· 不改变其本意地转述他人已发表文献中的文字表述，包括概括、简化他人已发表文献中的文字，或者改变他人已发表文献中的文字表述的句式，或者用类似词语对他人已发表文献中的文字表述进行同义替换，却不加引注。

· 对他人已发表文献中的文字表述增加一些词句后使用，却不加引注。

· 对他人已发表文献中的文字表述删减一些词句后使用，却不加引注。

· 直接套用他人已发表文献的论证结构，仅仅改变其中的方法、数据、结论等内容。

（6）整体（大量）剽窃。

· 直接使用他人已发表文献的全部或大部分内容。

· 在他人已发表文献的基础上增加部分内容后使用，如补充一些数据，或者补充一些新的分析等。

· 缩简他人已发表文献的全部或大部分内容后使用。

· 替换他人已发表文献中的研究对象后使用。

· 改变他人已发表文献的结构、段落顺序后使用。

· 将多篇他人已发表文献拼接成一篇论文后发表。

· 直接使用他人已发表文献的全部或大部分参考文献。

· 对他人已发表文献中的参考文献进行一些增减后直接使用。

（7）自我剽窃。

· 在论文中使用自己（或自己作为作者之一）已发表文献中的内容，却不加引注。

　·合作作者在论文中使用自己(或其中一个作者)已发表文献中的内容,却不加引注。

　·在论文中使用自己已经通过答辩的学位论文中的内容,却不加引注。

　·论文的主要内容源于自己已经通过答辩的学位论文,却不加说明。

(8)剽窃未发表成果。

　·未经许可使用他人未正式发表(包括在学术会议上的报告)的观点、研究方法、数据、图片等。

　·获得许可使用他人未正式发表(包括在学术会议上的报告)的观点、研究方法、数据、图片等,却不加引注,或者不以致谢等方式予以说明。

2.伪造

编造或虚构数据或事实。

(1)编造不以实际调查或实验取得的数据、图像。

(2)伪造无法通过重复实验而再次取得的样品等。

(3)编造不符合实际或无法重复验证的研究方法、结论等。

(4)编造能为论文提供支撑的资料或参考文献。

(5)编造论文中相关研究的资助来源。

3.篡改

故意改变数据和事实,使其失去真实性。

(1)改变原始调查或实验数据,使其本意发生改变。

(2)挑选、删减原始调查或实验数据,使其本意发生改变。

(3)修改原始文字记录等,使其本意发生改变。

(4)拼接不同图像从而构造不真实的图像。

(5)从图像整体中去除一部分或添加一些虚构的部分,使对图像的解释发生改变。

(6)增强、模糊、移动图像的特定部分,使对图像的解释发生改变。

(7)改变所使用文献的本意,使其对己有利。

4.不当署名

署名与对论文的实际贡献不符。

(1)将对论文所涉及的研究有实质性贡献的人排除在作者名单外。

(2)将未对论文所涉及的研究有实质性贡献的人列入作者名单。

(3)擅自在自己的论文中加署他人的姓名。

(4)虚假标注作者信息。

(5)作者排名不能正确反映实际贡献。

5.一稿多投

同一篇论文或只有微小差别(如论文题目、关键词、摘要、作者排序、作者单位不同,或论文正文有少量内容不同)的多篇论文,投给多个期刊,或在约定或法定期限内再转投其他期刊。

(1)将同一篇论文同时投给多个期刊。

(2)在约定或法定回复期内,将论文再次投给其他期刊。

(3)在未接到期刊确认撤稿的正式通知前,将稿件投给其他期刊。

(4)将只有微小差别的多篇论文,同时投给多个期刊。

(5)在收到首次投稿期刊回复之前或在约定或法定期内,将论文作稍微修改后,投给其他期刊。

(6)在不做任何说明的情况下,将自己(或自己作为作者之一)已经发表的论文,原封不动或做些微修改后,再次投稿。

6.重复发表

未恰当说明,在论文中大量重复自己已经发表论著中的内容。

(1)在论文中使用自己(或自己作为作者之一)已发表文献中的内容,却不加以说明或引注,或者只将已发表文献笼统地列在文后参考文献中。

(2)在不做任何说明的情况下,摘取多篇自己(或自己作为作者之一)已发表文献中的部分内容,拼接成一篇新论文后再次发表。

(3)被允许的二次发表,不说明首次发表的出处。

(4)多次重复使用一次调查结果、一幅图像或一个实验结果,却不加说明。

(5)将实质上基于同一实验或研究的论文,每次补充少量实验数据或资料后,多次发表方法、结论雷同的论文。

(6)在合作研究中,合作者就同一调查、实验结果,发表方法、结论明显相似或雷同的论文。

7.拆分发表

将实质上基于同一主题、数据、资料的研究结果,本可以一次发表而拆分成若干可发表的单元,作为多篇论文发表。

(1)将基于同一项调查、实验或研究的成果拆分成多篇论文发表,从而破坏了研究的完整性。

(2)将应当一次发表的论文拆成若干可发表单元发表,从而破坏了研究的完整性。

8.相关研究伦理问题

(1)论文所涉及的研究未按规定获得相应机构的许可,或不能提供相应的许可证明。

（2）论文所涉及的研究超出委员会许可的内容。

（3）论文所涉及的研究中存在不当伤害研究参与者、虐待有生命的实验对象、违背知情同意原则等伦理问题。

（4）论文泄露了被试者或被调查者的隐私。

（5）论文未按法定或约定对所涉及研究中的利益冲突予以说明。

9.其他

（1）不按约定或法律规定，向他人或社会泄露论文关键信息，侵犯投稿期刊的首发权。

（2）干扰期刊论文评审。

（3）在论文参考文献中加入实际未参考过的文献。

（4）将转引自其他文献的引文标注为直引，包括将引自译著的引文标注为引自原著。

（5）未以恰当的方式，对他人提供的研究经费、实验设备、材料、数据、思路、未公开的资料等，给予说明和承认，有特殊要求的除外。

（6）所引用内容构成了论文的主要或实质部分。

## 第二节　贡献确定与署名规则

研究论文的作者，是指参与了从研究论文选题、研究设计、研究过程实施一直到获得研究结论与成果并将研究发现加以总结成文的全过程，且对其中某一个或几个具体环节作出重要贡献，成为研究论文整体或其中某一重要组成部分的研究成员。根据各自所担负的责任与对成果的贡献程度，决定了作者在论文署名的先后顺序。因此，每位署名作者都必须在论文的研究工作中作出直接的、实质性的贡献。只有在研究设计、调研、数据分析、论文撰写及修改等方面具体参与了工作的成员才有权利署名，论文作者需要对研究论文的内容、结果和结论负责。中华人民共和国国家标准《科学技术报告、学位论文和学术论文的编写格式》规定："在封面和题名页上，或学术论文的正文前署名的个人作者，只限于那些对于选定研究课题和制定研究方案、直接参加全部或主要部分研究工作并作出主要贡献，以及参加撰写论文并能对内容负责的人，按其贡献大小排列名次。"

论文的第一作者应该是全程参与论文选题、研究设计、研究实施并负责撰写最终论文的研究人员，对论文的真实性、准确性负有全责。由于当前经济问题越来越复杂，越来越多的研究项目需要经济学、社会学、心理学甚至自然科学等多学科、多领域的学者共同合作才能完成，特别是在国际刊物发表时除第一作者以外，还特别标明了通讯作者。

　　通讯作者是指论文主要学术思想的提出者,并且在读者对论文提出各种问题时能与之讨论和联系的作者,是论文的主要责任人之一。通讯作者一般为研究项目的主持人,承担研究项目的论证与申请、提出主要研究思路、设计研究方案、组织实施研究,并负责对外联系以及论文的组织撰写与发表等。此外,在研究生发表的论文中,导师一般也以通讯作者的身份出现,因为研究生的论文通常是在导师的帮助和指导下完成的。《美国科学院院刊》给通讯作者下的定义是:"字面上看,通讯作者负责与论文有关的联络,但实际上是该篇出版论文的保证人,我们现在明确规定通讯作者是论文重要部分或整篇论文的保证人,论文合作者之一也可以原则上被明示为保证人。"[①]通讯作者可以是第一作者,也可以是其他作者,但必须是论文负责者,对论文的科学性、真实性和结果、结论的可信性负主要责任。

## 建议阅读的文献

　　1. 罗志敏. 何谓学术伦理:一个解析框架[J]. 复旦教育论坛,2012,10(4):5—9.

　　2. 杨雪等. 科技论文不同署名作者的贡献及责任[J]. 昆明学院学报,2011,33(6):113—116.

　　3. 张英丽. 学术职业伦理:内涵、本质及特征[J]. 江苏高教,2012(1):30—32.

---

　　① Cozzarelli, N. R., 2004, "Responsible authorship of papers in PNAS", *PNAS*, 101(29):10495.

# 第十二章

## 研究项目建议书范例

### 一、项目名称

要素歧视、经济溢出与可持续发展——农村转移劳动力价格扭曲及其影响研究

### 二、立项依据与研究内容（4 000～8 000 字）

（一）项目的立项依据（研究意义、国内外研究现状及发展动态分析，需结合科学研究发展趋势来论述科学意义；或结合国民经济和社会发展中迫切需要解决的关键科技问题来论述其应用前景。附主要参考文献目录）

1.本项目的理论和实际意义

改革开放 30 年来，农村剩余劳动力的城乡和区域转移就业是中国最重要的社会经济现象之一。农村劳动力的转移流动使资源得到了有效配置，有力推动了中国经济快速发展，加快了工业化和城镇化进程，并带动了农村经济的发展，一定程度上提高了农民的收入。据联合国教科文组织和中国社会科学院社会学研究所（2006）的数据显示，中国目前有进城务工人员 1.2 亿，预计 2020 年将有 3 亿左右的农村富余劳动力到城镇寻求非农业就业的机会。

农村剩余劳动力转移就业促进增长的背后是城乡分割的二元劳动力市场结构引起的农村转移劳动力价格扭曲（包括工资、福利、社会保障等显性和隐性的歧视）长期存在，农村转移劳动力面临与城镇劳动者"同工不同酬"、工种选择歧视、社会保障及福利缺失等问题，要素得到的回报比正常的劳动力市场决定的水平更低。这种要素扭曲是中国劳动力以成本的比较优势（吸引包括资本在内的各种要素集聚）参与国际分工、发展制造业特别是出口加工业的重要因素。大量的劳动力转移就业在创造出社会财富的同时，也提供了大量的税收来源，从而为输入地经济社会的建设和发展提供了充裕的财力支撑。

通过对农村劳动力要素的歧视性制度安排使城市相对农村、发达地区相对欠发达地区、社会相对农民工群体获得了额外的资本积累和发展资金，是中国过去快

速发展的推动力之一。因此,农村劳动力的流动也是产生社会经济溢出的过程,从改革初期直到现在,大量廉价而具有一定技能的农村劳动力为流入地经济的发展乃至整个中国经济的发展发挥了越来越大的作用,在过去的 20 多年中,城乡之间的劳动力流动对中国 GDP 增长的贡献率为 16% 左右(联合国教科文组织和中国社会科学院社会学研究所,2006)。根据我们前期的研究,从区域流动的角度看,如果以全部人力资本存量作为创造财富的来源,在主要外来劳动力输入省份的 GDP 中,由外来人力资本创造的比例在 20% 以上,其中上海和广东的比例分别达到了 39.84% 和 27.52%。

作为推进我国工业化和城镇化发展的重要力量,农村转移劳动力理应公平分享经济发展的成果,但是当前这些劳动者得到的回报与其为经济发展作出的贡献很不相称。根据发展经济学的有关理论,一国在经济发展水平较低的阶段需要从农业部门中提取剩余用于支持工业化和城镇化的发展,而到了经济发展水平较高的阶段,工业和城镇经济部门需要而且能够把一部分剩余转移到农业部门以对其进行"反哺",从而进一步促进社会经济的协调发展。改革开放后,为了加快我国工业化和城镇化的进程,农村转移劳动力要素价格扭曲产生的溢出效应为国民经济的发展作出了很大贡献,但并没有得到应有的补偿;而逐步消除农村劳动力价格扭曲、对农业和农村发展给予合理补偿,则是经济发展的必然规律。因此,有必要运用现代经济学的理论和模型对农村转移劳动力价格扭曲的程度进行测度,并量化这种要素价格扭曲的城乡与区域溢出效应及为我国经济发展所作的贡献,从而为提高农民收入、对农业和农村发展给予补偿、实现城乡和区域统筹协调发展提供依据,并制定科学的策略与路径。

同时,这种要素歧视问题的长期存在对未来中国经济后续发展的限制作用将会越来越明显。贡献与所得回报的显著反差使农村劳动力转移就业的积极性大打折扣,突出表现在自 2004 年以来在东南沿海地区出现甚至蔓延到全国的"民工荒",这是劳动力价格扭曲长期得不到补偿对经济造成负面影响的典型表现,已经影响到劳动力输入大省乃至全国经济的可持续发展。同时,农村劳动力价格扭曲给农业和农村的发展带来了一些负面影响,农村居民收入增长率低于城镇居民,城乡经济差距逐渐拉大,农业和农村成了经济发展中最薄弱的环节。

更为重要的是,随着我国人口年龄结构逐渐向老龄化方向转变,促进经济发展的人口红利正在逐步消失,建立在要素歧视基础上的二元劳动力市场对支撑经济长远发展的作用难以为继。一方面,统筹城乡、区域协调发展需要按照市场经济的原则,为各种生产要素创造公平的竞争环境并给予合理的回报;另一方面,中国在经济发展中使用廉价劳动力的比较优势正在逐渐丧失,今后需要认真应对这种变化以实现我国经济的可持续发展。二元分割的劳动力市场必须逐步向城乡统一的劳动力市场转变,这是经济发展的必然要求,城乡劳动者同工同酬也是市场完善的必然结果。由于人口结构中劳动人口的比例下降,劳动力变稀缺后必然要求所获得的报酬水平提高。因此,完善发展中国家农村劳动力转移和经济转型理论,逐步减小并最终消除农村劳动力价格扭曲,以公平补偿促进"三农"发展、建立和完善城乡统一的劳动力市场,寻求中国经济在人口红利消失、劳动力成本提高、比较优势减弱等不利因素冲击下保持持续、协调、快速发展路径,就是研究本项目的理论意义和现实意义。

2.国内外研究现状和趋势

(1)劳动力要素歧视与价格扭曲的成因。

当前对农村劳动力价格扭曲成因的研究较多,主要有以下三种观点:

一是要素市场扭曲引起了工农业部门劳动力价格差异。Hamid 和 Nancy (2000)认为要素市场扭曲导致的部门间工资差距是发展中国家普遍存在的工资差异的原因,内生的工资扭曲在资本缺乏的国家会对资本市场产生溢出。而且劳动力跨区域流动是由内生的工资扭曲引起的,这种工资扭曲能增加工业部门的产出、优化经济发展中的就业结构(Bharaty,2004)。就中国的情况,韩秀华(2006)指出,我国城乡劳动力市场二元分割阻碍了劳动力自由流动,由此产生了劳动力价格扭曲;韩靓(2009)进一步指出,农民工工资的决定中,受到城乡、区域的双重歧视,农民工工资歧视主要是岗位间的歧视,这种歧视由人力资本和社会资本差异决定。

二是力量的不对等是农村转移劳动力价格扭曲的制度性根源,要通过制度变革来消除这种扭曲。安增龙和罗剑朝(2005)、何力武和罗瑞芳(2010)、彭红碧(2010)认为,我国现阶段工资谈判中劳资双方市场势力差异悬殊是造成农民工工资水平低下的主要原因,由于农民工的博弈力量非常小,使其在工资谈判中处于明显的弱势地位,农民工工资水平因此出现了扭曲,解决该问题的关键是提高农民工的谈判地位和议价能力。彭红碧(2011)进一步指出,这种低下的工资水平是我国城乡分割、重城轻乡的制度安排造成的,提高农民工工资水平的出路是改变城乡二元分割的局面,提高农民工的博弈力量。

三是要素市场扭曲和农村劳动力自身的原因共同产生了劳动力价格扭曲。李艳玲和李录堂(2008)认为,农民工工资剪刀差产生的原因主要有两个,即二元分割的劳动力市场和农民工人力资本水平低下。谢嗣胜和姚先国(2006)指出,歧视性因素包括两个方面:一是对农民工的直接歧视,占到工资差异的36.2%;二是对城市工的制度性保护,即对农民工产生的反向歧视,占到工资差异的19.0%。实证研究都表明,针对转移劳动力的歧视确实存在而且很显著。邓曲恒(2007)运用Oaxaca Blinder 方法对城镇居民与流动人口的工资收入差异进行了分解,结果表明,收入差异的60%应归结于歧视。王美艳(2003)将工资差异分解为个人特征差异的影响和歧视的影响两部分,通过对 6 个城市 118 家企业的调查数据计量得出农村迁移劳动力和城市本地劳动力的工资差异中,只有 24% 能够被个人特征的差异所解释,而剩余的 76% 是被歧视解释的部分。

事实上,农村劳动力价格扭曲的形成既有制度不完善和市场分割等客观原因,又有劳动力自身人力资本低下和谈判能力弱小等主观原因。上述观点多局限于其中某一个或几个方面,非系统的对策建议对消除农村劳动力要素歧视、促进经济协调发展的指导作用有限。消除农村劳动力价格扭曲需要多措并举,因此需要全面考察农村劳动力要素歧视的成因。

(2)农村转移劳动力的价格扭曲程度及其溢出效应的测度。

Timothy 和 Jeffrey(1992)利用托达罗模型对美国 1890—1941 年不断拉大的城乡工资差距进行研究,通过分析发现,农业部门与工业部门的工资差距拉大起到了吸收劳动力的作用,有助于经济的发展,这一研究对分析我国的劳动力价格扭曲有较好的借鉴作用。对中国的研究中,庄聚中(1996)利用 CGE 一般均衡模型对中国 1983 年的经济扭曲进行了测算,结果表明价格和资源配置中存在扭曲,非农部门的工资支付过高,市场不完善使中国存在 1.3 亿农村剩余劳动力。严于龙(2007)把人力资本引入生产函数,计量分析表明,改革开放以来农民工对经济增长的贡献接近 22%;他还通过"增加值法"得出,2001—2005 年,农民工创造的 GDP份额经折算后分别为 12.8%、14.0%、15.3%、15.8% 和 16.8%。李艳玲(2008)测算了我国 2004 年农民工工资"剪刀差"的经济贡献,发现农民工创造了全国当年 GDP 的份额为 19.5%,而其工资收入占全国 GDP 的比重仅有 4.8%,农村劳动力价格扭曲以工资"剪刀差"的形式为 GDP 作出了 5% 的贡献。孔祥智和何安华(2009)进行了较为详细的研究,他们认为改革开放以来,农民工以工资差额的方式为城镇经济发展节省成本达 85 495 亿元,节约社保成本至少 30 576 亿元,综合来看,为城镇经济发展积累资金达 11.6 万亿元。

(3)农村劳动力价格扭曲的不利影响及其纠正。

张慧(2007)、李艳玲(2008)、范小雪(2006)等对我国劳动力市场扭曲的经济效应进行了分析,认为中国劳动力市场的扭曲是我国出现产业升级困难、收入差距扩大、城镇化发展缓慢等现象的重要原因,甚至会影响我国经济的增长、社会的稳定和可持续发展,要缩小城乡差距、推进城镇化、促进经济健康发展,必须提高农民工工资水平。张艳华(2010)认为,当前农村劳动力收入低下的主要原因有两个:一是农村人力资本积累和投资不足;二是农村人力资本的溢出效应没有得到补偿。要提高农村劳动力的收入水平,关键是对农村人力资本加强投资。谢嗣胜(2005)进一步提出了从制度上消除农村劳动力工资歧视的思路,主要包括推进户籍、社会保障和就业制度的改革与完善,提升农民工的人力资本水平,加强对劳动力市场的监管等。对提高消除农村转移劳动力价格歧视的积极效应,严于龙(2007)运用凯恩斯框架的基本收入冲击模型,通过改变城乡居民收入,研究了消费率、投资率的变化,认为提高农民工收入可以提高消费率、降低投资率,改善扭曲的投资和消费结构,如果农民工平均收入增长10%,全国居民基尼系数就将缩小2.4%。

(4)人口红利的变化及其对我国经济发展的影响。

由低生育率和低死亡率带来的人口结构转变为绝大多数发展中国家提供了一个迅速发展经济的"人口机会窗口",这种"人口机会窗口"就是人口红利,东亚、日本等经济奇迹就是建立在人口红利之上的(Bloom,2001)。人口红利促进经济发展的途径主要有三个:劳动力规模的扩大和分工、劳动力参与率提高促进投资与储蓄、劳动力质量的提高。人口增长过程会引起人口年龄结构迅速变化,人口年龄结构的变化对经济发展有重大影响(钟水映和李魁,2009)。蔡昉(2004)把人口转变带来的人口红利看作经济增长的额外源泉,其作用机理是由高储蓄率、充足的劳动力供给和低抚养比等因素引起,人口红利会使社会抚养负担低,能提高储蓄率,促进经济增长。人口抚养负担轻还能增加生产性投资,提高经济社会的总产出水平。蔡昉和王美艳(2006)进一步的研究指出,我国的人口结构迅速向老龄化转变,"未富先老"影响我国劳动力的供给,劳动年龄人口到2015年前后达到峰值,与经济发展对劳动力的需求形成明显矛盾,保持经济持续增长的政策思路包括充分开发当前的人口红利、提高人力资本的积累力度、消除劳动力流动障碍和转变经济增长方式等方面。

(5)应对人口红利变化冲击的策略。

许多学者都强调了人口红利的变化。郭琳和车士义(2011)分析了人口红利的变化过程,即先是促进经济增长,经济增长使劳动参与率逐渐下降,这个过程将不断减弱人口红利的作用。詹浩勇和杨毅(2010)指出,低水平利用"人口机会窗口"的传统发展模式已遇到严峻挑战,促使我国经济继续发展的途径是深层次挖掘人力资源优势、积累人力资本,要走依靠科技进步和提高劳动者素质的发展道路,真正分享人口红利。针对今后的发展策略,蔡昉(2010)认为要保持经济持续发展,今后一方面要继续充分挖掘人口结构变化形成的人口红利(即一次人口红利),另一方面要通过制度优化与加强人力资本投资等举措开发"二次人口红利",将来还要转变经济发展方式以获得新的经济增长源泉。王金营和杨磊(2010)则指出,要保持我国经济持续发展,应当建立良好的人力资本投资、社会保障等制度并制定积极的人口政策。

(6)对上述研究的简要评述。

上述研究从不同角度分析和测度了农村劳动力价格扭曲形成的原因、价格扭曲的溢出效应、对经济发展的影响及其变化趋势,并探讨了如何逐步消除各种形式

的劳动力价格扭曲的思路与策略,对本项目的研究有一定的借鉴作用。但是还存在以下几个方面的不足之处:

一是注重宏观层面的分析,缺少微观层面的分析,统计的年份也有限。本研究将结合现有的统计资料和持续的调研资料,把宏观的面上分析和微观的针对个体劳动力的研究结合起来,寻求歧视与溢出的微观基础;同时,本研究将不仅仅笼统地测算价格歧视部分,将运用新的模型测算具有不同职业稳定性特征的转移劳动者受歧视的分类考察。

二是静态的、截面的分析较多,缺乏动态的视角。本研究将专门从劳动力要素歧视的发展历程、制度变迁、社会经济条件变化的角度关注劳动力价格扭曲及其溢出效应的变化趋势,进而分析这种趋势对人口红利变化和今后中国经济可持续发展的影响。

三是系统性研究不多,比如只分析了劳动力价格扭曲对国民经济发展的贡献,而对农业和农村发展造成的影响涉及较少,也没有关注这种扭曲的变动对劳动力进一步流动的影响。本研究对农村转移劳动力价格扭曲的研究将不再局限于某些方面,而以整体视角加以推进。

3. 主要参考文献

[1]Bharaty. Another look at wage distortion in a developing dual economy. Working Paper of Central Michigan University,2004.

[2]David E. Bloom,David Canning,et al. Economic growth and the demographic transition. National Bureau of Economic Research (US) Working Paper 8685,2001.

[3] Hamid Beladi,Nancy H. Chau. Endogenous factor market distortion, risk aversion and international trade under input uncertainty. *The Canadian Journal of Economics*,May 2000.

[4]Murali Patibandla. Factor and product market distortions,production efficiency and international trade. *Economic and Political Weekly*,1993.

[5]Timothy J. Hatton,Jeffrey G. Williamson. What explains wage gaps between farm and city? Exploring the Todaro Model with American evidence, 1890—1941. *Economic Development and Cultural Change*,Jan. 1992.

[6]Zhuang Juzhong. Estimating distortions in the Chinese economy:A general equilibrium approach. *Economica*,1996.

[7]安增龙,罗剑朝.农民工工资权侵害原因的博弈分析[J].商业研究,2005(24).

[8]蔡昉.人口转变、人口红利与经济增长可持续性[J].人口研究,2004(3).

[9]蔡昉.人口转变、人口红利与刘易斯转折点[J].经济研究,2010(4).

[10]蔡昉,王美艳."未富先老"对经济增长可持续性的挑战[J].宏观经济研究,2006(6).

[11]邓曲恒.城镇居民与流动人口的收入差异[J].中国人口科学,2007(2).

[12]范小雪.中国农民工工资水平分析与发展趋势判断[D].首都经济贸易大学硕士学位论文,2006.

[13]郭建雄.农业发展:三部门分析框架[M].北京:中国社会科学出版社,2008.

[14]郭琳、车士义.中国的劳动参与率、人口红利与经济增长[J].中央财经大学学报,2011(9).

[15]韩靓.基于劳动力市场分割视角的外来务工人员就业和收入研究[D].南开大学博士学位论文,2009.

[16]韩靓,原新.我国农民工收入增长的实证分析[J].人口学刊,2009(1).

[17]韩秀华.中国二元教育下的农村劳动力转移问题研究[D].西北大学博士学位论文,2006.

[18]孔祥智,何安华.新中国成立60年来农民对国家建设的贡献分析[J].教学与研究,2009(9).

[19]何力武,罗瑞芳.农民工工资决定的微观行为机制研究[J].经济纵横,2010(2).

[20]侯风云.农村外出劳动力收益与人力资本状况相关性研究[J].财经研究,2004(4).

[21]李艳玲.农民工工资剪刀差研究[D].西北农林科技大学硕士学位论文,2008.

[22]李艳玲,李录堂.农民工工资剪刀差的产生原因与对策[J].安徽农业科学,2008(5).

[23]彭红碧.农民工与企业的博弈——我国农民工工资水平形成研究[J].经济与管理研究,2010(7).

[24]彭红碧,李国政.农民工工资市场决定失灵的原因及解决途径[J].城市问题,2011(4).

[25]盛世斌,徐海.要素价格扭曲的就业效应研究[J].经济研究,1999(5).

[26]谭崇台.发展经济学[M].太原:山西经济出版社,2000.

[27]万向东,孙中伟.农民工工资剪刀差及其影响因素的初步探索[J].中山大学学报(社会科学版),2011(3).

[28]王金营,顾瑶.中国劳动力供求关系形势及未来变化趋势研究——兼对中

国劳动市场刘易斯拐点的认识和判断[J].人口学刊,2011(3).

[29]王金营,杨磊.中国人口转变、人口红利与经济增长的实证[J].人口学刊,2010(5).

[30]王丰,安德鲁·梅森.中国经济转型过程中的人口因素[J].中国人口科学,2006(3).

[31]王萍.中国农村剩余劳动力乡城转移问题研究[M].大连:东北财经大学出版社,2008.

[32]谢嗣胜,姚先国.农民工工资歧视的计量分析[J].中国农村经济,2006(4).

[33]亚尔·蒙德拉克.农业与经济增长理论与度量[M].国风,方军译.北京:经济科学出版社,2004.

[34]严于龙,李小云.农民工收入影响因素初步分析[J].宏观经济管理,2006(12).

[35]严于龙,李小云.农民工对经济增长的贡献及成果测量的定量测量[J].统计研究,2007(1).

[36]严于龙.农民工:贡献、收入分享与经济、社会发展[D].中国农业大学博士学位论文,2007.

[37]詹浩勇,杨毅.中国经济发展方式与人口红利关系辨析[J].当代经济管理,2010(6).

[38]张慧.中国劳动力市场扭曲的经济效应分析[D].上海社会科学院博士学位论文,2007.

[39]张艳华.农村人力资本投资、积累、收益机制研究[D].中国农业大学博士学位论文,2007.

[40]张文,尹继东.中国中部地区农村劳动力转移与人力资源开发问题研究[M].北京:中国财政经济出版社,2007.

[41]钟水映,李魁.人口红利与经济增长关系研究综述[J].人口与经济,2009(2).

[42]周建华,万希.论"三农"问题与农业人力资本的积累机制建设[J].农业现代化研究,2004(9).

(二)项目的研究内容、研究目标以及拟解决的关键科学问题(此部分为重点阐述内容)

1. 主要研究内容

本项目拟从农村转移劳动力价格扭曲的产生与变化趋势、扭曲程度与关键影响因素、经济溢出与贡献、公平补偿及未来中国经济持续发展的策略调整等方面展开研究,主要研究内容可分为以下五个模块。

**模块一:**我国农村转移劳动力价格扭曲的历史考察与形成机理

改革开放以来,农村劳动力"非农化"转移过程中出现了明显的价格扭曲,为我国城镇化的推进和工业化的进一步发展作出了重要贡献。这种扭曲既有其产生的客观条件与环境,也有其存在的社会经济原因。该模块将主要研究以下内容:

(1)农村转移劳动力价格扭曲的主要形式与区域性特征;

(2)农村转移劳动力价格扭曲的历史变化趋势分析;

(3)农村转移劳动力价格扭曲产生的社会经济条件;

(4)农村转移劳动力价格扭曲的制度性根源及其变迁。

**模块二:**农村转移劳动力价格扭曲程度的测度与关键影响因素分析

本部分将利用 Brown 分解方法区分转移劳动力和本地劳动力工资收入差距的歧视部分和非歧视部分(个体人力资本因素)的数量特征,对农村劳动力价格扭曲(包括显性的工资歧视和隐性的社会福利歧视)进行计量和测度。运用 Brown 分解方法可以将"同工不同酬"和"职业分隔"两方面有机地结合起来,并通过强调城乡劳动力的职业分隔对其工资差异的影响,从职业获得角度估计职业分布,解析出因职业进入的组别(城乡户籍)障碍而产生的歧视,从而将个人禀赋、职业分布、歧视与工资差异整合在一个统一的研究框架之内。此外,运用多层线性回归模型(Hierarchical Linear Models,HLM)分析,则可以揭示不同职业组群对影响农村劳动力价格扭曲的关键因素所产生的不同效应。本模块的主要内容包括以下方面:

(1)农村转移劳动力与本地城市职工工资和社会福利差距的估算;

(2)基于 Brown 分解方法的农村转移劳动力价格扭曲程度的测定;

(3)基于 HLM 模型分析职业的异质性(不同类型的稳定性)对于影响农村转移劳动力价格扭曲因素效应的结构性调整。

**模块三:**劳动力价格扭曲的溢出效应及其对中国经济发展的影响

改革开放以来,农村劳动力价格扭曲一直是我国从农业部门中提取剩余、推进城镇化和工业化发展的重要途径之一。通过劳动力要素价格扭曲形式为相对农村的城市、相对欠发达地区的东部发达地区以及中国整体经济发展作出了显著贡献。本部分一是要构建典型农村劳动者流动决策的微观基础,用劳动力在二部门(农业和工业)、二区域(流出地区与流入地区、农村与城市)流动产生的对不同部门、不同区域的影响,测定城乡与区域溢出。二是要构建包含两种不同劳动力市场和均衡工资水平的经济增长模型,对新中国成立以来农村劳动力价格扭曲对中国经济发展的贡献进行实证分析。该模块具体包括如下研究内容:

(1)农村转移劳动力价格扭曲经济溢出效应的主要表现;

(2)农村转移劳动力价格扭曲的城乡溢出的测度及对农村的影响;

（3）农村转移劳动力价格扭曲的区域溢出的测度及区域的非均衡增长；

（4）农村劳动力价格扭曲对农业与农村部门的影响；

（5）农村劳动力价格扭曲对中国经济增长的影响程度与贡献份额。

**模块四：**劳动力价格扭曲的长期变动趋势及对中国经济可持续发展的影响

从长期来看，农村劳动力价格扭曲的缩小直至消失是一种客观必然。这是由农村劳动力供给与需求此消彼长的变化、人口红利的逐渐消失、工业化和城镇化程度不断提高及农村经济发展水平逐步上升共同决定的。当前，我国快速提高的经济发展水平和农村的相对落后决定了通过农村劳动力价格扭曲推动工业化和城镇化发展已不具备可持续性，逐步消除劳动力价格扭曲的时机已经成熟。本部分运用发展模型（Growth Model）分析农村转移劳动力价格扭曲的动态演变，并利用系统动力学模型模拟分析劳动力价格扭曲逐步消失后对我国经济发展的影响，以便研究如何促进我国未来经济的持续发展。本模块的主要研究内容有以下方面：

（1）劳动力价格扭曲程度的趋势变化；

（2）扭曲程度减小对中国经济综合比较优势和相关产业的影响；

（3）劳动力比较优势下降对中国经济增长影响的分析与情景模拟；

（4）人口红利逐渐消失带来的社会经济影响。

**模块五：**后劳动力转移时代保持中国经济可持续发展的策略路径

本部分拟从政策层面，对农村劳动力的价格扭曲进行分析，探讨劳动力价格扭曲缩小的必要性和必然性，研究缩小和消除劳动力价格扭曲的策略路径。具体的政策思路与应对策略主要包括以下方面：

（1）将根据前面的理论分析与实证测算，在综合权衡的基础上分析为扭转农村劳动力价格扭曲、对农民和农村的发展进行合理补偿与扶持应采取哪些举措。包括完善劳动力市场、打破劳动力流动的各种障碍、改革社会保障等制度体系，以及农村劳动力价格扭曲的内在根源等。

（2）将探求后劳动力转移时代在人口红利逐步消失和农村劳动力价格扭曲逐步消除的情况下，中国应对经济冲击、实现可持续发展的策略与路径。包括加强教育、培训在内的人力资本积累策略，以便高效、合理利用剩余的"人口机会窗口"，促进经济协调发展，转变经济发展方式，推进产业优化升级，实现经济转型等。

2.研究目标

本项目的研究目标可以概括为三句话："评价历史贡献，分析发展现状，探析未来策略。"重点对劳动力价格扭曲的成因、发展现状、影响因素、历史贡献、变化趋势和未来经济持续发展的策略进行全面的研究。具体包括以下三方面的目标：

（1）通过数据收集、文献整理和实地调研等手段，客观分析我国农村转移劳动力价格扭曲的历史贡献和当前现状，分析劳动力价格扭曲产生的社会经济原因及其未来的发展变化趋势,并作出相应的评价。

(2)运用现代经济学理论和方法,全面考察农村转移劳动力价格扭曲造成的社会经济影响,包括城乡和区域溢出效应、对中国经济持续增长的贡献、对城乡二元经济结构的影响以及对"三农"发展的不利冲击,并分析价格扭曲的动态演变及其对中国经济可持续增长的可能影响,为科学制定策略路径做准备。

(3)从公平补偿和持续发展两个角度探求解决之道。一是从福利经济学等理论出发,依据劳动力要素扭曲的程度和溢出的大小确定补偿的标准和方式;二是探求后劳动力转移时代,中国经济在无法继续依赖廉价劳动力、难以继续开发人口红利等不利条件下,继续保持快速、协调、可持续发展的策略路径和方向。

3.拟突破的关键问题

(1)量化农村转移劳动力的价格扭曲程度和关键影响因素,包括工资扭曲等价格歧视和福利、社会保障等隐性要素歧视。由于现有的统计年鉴鲜有关于农村劳动力总体数量和工资水平的持续统计数据,本研究将整理相关研究报告的数据,并结合长三角农民工的调研数据,特别是对社会保障和福利的调研,根据现有的经济理论,采用合理的方法与模型测算劳动力价格扭曲的程度与影响因素,并分析今后价格扭曲的变化趋势。

(2)量化农村转移劳动力的价格扭曲的经济溢出和对整体的增长贡献,分析对农村劳动力价格扭曲给予合理补偿的策略。要以微观的新家庭经济学和宏观的经济增长和国民收入分配理论为主要依据,结合劳动力流动、二元经济转化的增长模型进行分析,测度劳动力价格扭曲的溢出效应及其对经济增长贡献的大小,为今后扭转价格扭曲、公平补偿相关主体和部门提供科学依据。

(3)量化价格扭曲的动态演变及其对中国经济可持续增长的可能影响,探讨未来中国经济实现可持续发展的科学路径。随着今后我国人口红利和劳动力低成本比较优势的逐步消失,经济发展需要新的动力来支撑,为了实现未来中国经济的持续发展,必须积极应对由于劳动力价格扭曲所产生外部性的逐步消失对经济可持续发展的不利影响。本项目将从多个角度对上述问题进行情景模拟分析,并根据测算结果提出合理的政策建议。

## 三、拟采取的研究方案及可行性分析(包括有关方法、技术路线、实验手段、关键技术等的说明)

1.研究思路

本课题的研究思路如下:

(1)先对改革开放以来我国农村转移劳动力存在的各种价格扭曲进行描述性分析,从理论上描述不同类型的劳动力价格歧视(包括工资歧视和隐性歧视)产生的原因及其制度性根源,并分析劳动力要素价格扭曲的程度及其发展变化的可能趋势。在实证上用 Oaxaca Blinder 分解模型、HLM 模型等分解不同类型劳动者工资歧视份额,并分析职业、区域特征等关键因素的影响程度。

(2)构建包含两种不同劳动力市场和均衡工资水平的经济增长模型,测定劳动力价格扭曲的经济溢出效应,具体包括城乡溢出和区域溢出,以及对中国经济增长的历史贡献。并在分析价格扭曲动态特征的基础上利用系统动力学方法进行情景模拟,以分析一旦这种溢出效应逐步消失对消费、投资乃至对整体经济增长会造成何种程度的冲击,为今后有效应对经济冲击提供理论基础。

(3)最后根据经济理论和以上研究结论,并结合前人的研究成果,提出扭转和消除农村劳动力价格扭曲、促进农业与农村发展的策略,以及应对劳动力成本上升和比较优势下降的挑战,保证经济可持续发展的思路与政策建议。

2.主要研究方法初步方案

(1)农村转移劳动力价格扭曲的测度方法。

在测度工资歧视时,许多研究采用 Oaxaca Blinder 分解方法。该方法是工资差异分解方法的最基础也是最经典的均值分解方法,它将组群之间工资均值差异分解为由个体特征差异造成的可解释部分和由特征回报差异带来的不可解释部分,并把不可解释部分归因于歧视,因此,工资差异的均值分解方法常用于测试歧视的大小程度。Oaxaca Blinder 分解尽管从"同工不同酬"视角考虑到了"职业"因素对组群工资差异的影响,但由于是把"职业"当作外生的虚拟变量加以控制,从而无法考察某一组群进入某个职业本身就可能存在的歧视。而既有的从职业分隔视角对歧视影响工资差异的机理研究大多是局部分析,即便估算职业分布,大多也只是基于职业选择视角(郭继强等,2011)。Brown 分解方法则有效地克服了上述局限,可以将"同工不同酬"和"职业分隔"问题融合在统一的分析框架中,将两者的差异分解出来。

运用 Brown 分解,可以设两个组群 $U$(城镇劳动力)和 $R$(农村劳动力)的平均工资为 $w_U$ 和 $w_R$,按照 Mincer 工资决定方程将这两个组群代表个体特征的变量矩阵设为 $X_U$ 和 $X_R$,相应的回归系数向量(或称之为工资结构)分别为 $\beta_U$ 和 $\beta_R$,则这两个组群的半对数形式的工资估计方程分别为 $\ln w_U = X_U \beta_U + \mu_U$ 和 $\ln w_R = X_R \beta_R + \mu_R$,记这两个组群的子样本个体特征向量的平均值分别为 $\overline{X_U}$ 和 $\overline{X_R}$,并将平均工资变形为: $\ln \overline{w_U} = \sum_j P_{jU} \ln \overline{w_{jU}}$ 和 $\ln \overline{w_R} = \sum_j P_{jR} \ln \overline{w_{jR}}$。

其中,$P_{jU}$、$P_{jR}$ 分别表示组群 $U$ 和 $R$ 在第 $j$ 种职业中的实际就业概率或比率,$\ln \overline{w_{jU}}$、$\ln \overline{w_{jR}}$ 分别是组群 $U$ 和 $R$ 在第 $j$ 种职业中的平均工资,$\ln \overline{w_U}$ 和 $\ln \overline{w_R}$ 分别是组群 $U$ 和 $R$ 的平均工资,$j = 1, 2, \cdots, J$ 表示社会经济中的 $J$ 种职业。我们以

$\beta_{jU}$ 作为指数基准,表示第 $j$ 种职业的无歧视工资结构,并利用 $\ln \overline{w_{jU}} = \overline{x_{jU}} \beta_{jU}$、$\ln \overline{w_{jR}} = \overline{x_{jR}} \beta_{jR}$($x$ 是个体子样本的特征向量),从城乡劳动力职业获得的角度估计其职业分布状况,将 $\hat{P}_{jR}$ 定义为假如样本 $R$ 组群面临与 $U$ 组群相同职业结构时,处于 $j$ 种职业的比率,并以 $\hat{P}_{jR}$ 为职业获得结构基准,将城乡劳动力的平均工资差异分解为:

$$\ln \overline{w_{jU}} - \ln \overline{w_{jR}} = \sum_j P_{jR}(x_{jU} - x_{jR})\beta_{jU} + \sum_j P_{jR} x_{jR}(\beta_{jU} - \beta_{jR})$$
$$+ \sum_j (\hat{P}_{jR} - P_{jR}) x_{jU} \beta_{jU} + \sum_j (P_{jU} - \hat{P}_{jR}) x_{jU} \beta_{jU}$$

式中,右边第一项表示职业内两个组群因个体特征差异所造成的工资差距,第二项则是指职业内两个组群因受到不平等对待所造成的工资差距,第三项表示两个组群之间由于职业机会结构差别所造成的工资差距。第一项和第二项共同构成了职业内工资差异,第三项和第四项共同表征了职业间工资差异。显然,Brown 分解能够将城乡劳动力的工资差异按其来源划分为职业内工资差异和职业间工资差异,解析出因职业进入的组别(城乡户籍)障碍而产生的歧视,从而将个人禀赋、职业分布、歧视与工资差异整合在一个统一的研究框架内。

(2)农村转移劳动力价格扭曲程度的关键影响因素分析方法。

不同职业类型、不同区域劳动力供求关系可能对价格扭曲程度有重要影响。只有把握一些关键影响因素的数量特征,才能制定有针对性的补偿机制和完善劳动力市场机制的路径。在研究不同职业对农村转移劳动力价格扭曲程度的影响及其效应时,拟采用 HLM 模型方法,以期在计量工具和方法方面进行开拓性的尝试。HLM 模型是 20 世纪 80 年代中期以来在社会科学定量分析方法论中的一项重要进展,特别是在分级结构数据分析中有着极为重要的应用价值。对个体转移劳动力价格扭曲程度而言,它不仅受到个体特征如年龄、性别、收入和受教育程度等因素的影响,而且受到外部环境,特别是职业特征和供求关系的影响。

因此,在研究不同职业类型、不同竞争程度对城乡劳动力要素价格的影响时,运用 HLM 模型分析,不仅可以使我们了解个体水平的特征和职业或市场分组的组群特征变量对个体工资歧视的效应,而且可以使我们认识职业或市场分组变量对个体水平各特征变量效应的调节。另外,HLM 模型在对稀疏数据的处理中,可以运用参数估计的经验贝叶斯估计法,使模型参数估计不仅可以利用各组群的子样本,而且能够利用所有组群的总信息,称之为收缩估计。从所有组群的总信息借力,来支持信息较少的组群的统计估计,这对本课题的研究数据来说十分有意义,因为本文的数据主要来自调研,可能存在某些指标数据稀疏现象,HLM 模型分析可以很好地弥补这方面的不足。

(3)农村转移劳动力价格扭曲对中国经济增长的分析方法。

本研究将基于传统二元经济模型,构建包含三类劳动者市场的中国经济增长模型。其基本思路如下:设定存在两个部门(即工业部门和农业部门),建立两部门经济增长模型,在劳动力要素市场扭曲的情况下存在三类劳动者:城市劳动者、农村转移劳动力、农业劳动者。城市劳动者获得工业部门的市场均衡工资;农村转移劳动力工资为工业部门市场均衡工资乘以扭曲系数,扭曲系数是一系列指标及时间的函数;农业劳动者获得农业的均衡工资,农业劳动者转移决策取决于一系列工资的比较。同时,根据国民经济核算中生产法与收入法等额的原则,假定总产出的分配由工资、税收和利润组成,农民工工资的歧视部分转化为税收和利润,税收和利润的大部分转化为投资。这个模型我们设想可以分析以下问题:

价格扭曲如何通过对工资和利润的调整影响工业部门收入及总收入的增长;价格扭曲如何通过分配影响消费(低消费)和投资(过度投资);价格扭曲如何影响收入在两个部门之间的分配。

(4)农村转移劳动力价格扭曲程度动态演进。

要研究不同职业对城乡劳动力要素价格的影响,特别是对农村转移劳动力要素价格扭曲程度的动态演进趋势,我们需要对多年的劳动力跟踪数据进行实证分析,这样的跟踪调查数据本身就具有分级结构,也就是说,劳动力工资水平数据嵌套于被调查者个体之中,我们可以把研究对象在各时点的测量看作水平 1 单位,研究对象则看作水平 2 单位,这样就可以应用 HLM 模型来分析纵向数据了,而应用于纵向数据的 HLM 模型称为发展模型。

与传统分析方法相比,发展模型有以下优点:第一,可以区分不同调查时间点的劳动力要素价格扭曲的平均程度随着时间的变迁而发生的动态变动趋势。第二,在随机缺失的情况下,发展模型具有处理非平衡数据或不完整数据的能力,可在最大似然或限制性最大似然方法的基础上,利用全部可以利用的数据进行模型估计。因此,我们不需要剔除那些带有缺失观察值的研究对象,也不需要弥补性地输入缺失的观察值。第三,发展模型具有较大的灵活性,它既不要求研究对象内的观察值相互独立,也不受限制性假设如复合对称的制约。

(5)扭曲程度的减少即工资的趋同对经济冲击的分析方法。

系统动力学是由美国麻省理工学院教授福瑞斯特(Forrester)于 1956 年创立的,是借用数字计算机对其行为随时间变化的系统进行仿真,所研究的对象主要是复杂的社会经济系统和复杂的生态系统,其任务在于揭示这些系统的信息反馈特征,以显示组织结构放大作用和延迟效应等影响系统行为模式的机制。在前面模型分析的基础上,明确了各个主体之间的数量关系,其构造包括总体经济增长模型、受冲击部门增长模型、农村转移劳动力价格扭曲的动态演进方程、资本积累方程、社会消费方程在内的以因果关系为基础，以及难以精确描述其量化关系的复杂经济系统。采用系统动力学方法进行仿真处理要确定系统研究的目标，将系统作为信息反馈系统来研究，并分析和研究与问题有关的各因素、各子系统之间的因果关系。

系统动力学模型具有优于回归预测、线性规划等模型的特点，它既可以进行时间上的动态分析，又可以进行部门之间的协调。它能对系统内外部因素的相互关系予以明确的认识和体现；通过对系统设定各种控制因素，以观测当输入的控制变量变化时系统的行为和发展，从而能对系统进行动态仿真试验。其主要建模工具是 Vensim 这样一个可视化的建模工具，它可以概念化、证明、模拟、分析和优化系统动力学模型，提供功能强大的图形编辑环境。在构建完成包含水平变量、辅助变量、常量、箭头等要素在内的因果反馈环之后，通过使用 Vensim 提供的便捷易用的公式编辑器，生成完整的模拟模型，再通过系统后台提供的检验、调试后，可以充分利用一系列分析工具对所模拟系统的行为机制进行深入的分析和研究。

3. 数据来源

本项目的研究对象现有的可用数据较少，因此研究中将采用统计数据与调研数据相结合的方式。统计数据来源于有关部门出版的相关统计年鉴，如《中国统计年鉴》《中国人口统计年鉴》《中国农村统计年鉴》《中国劳动统计年鉴》《农民收入调查与研究》和六次人口普查数据等，以及国外权威机构的统计资料，如 GTAP 全球数据库。通过对各种年鉴的综合整理，现已掌握了近十年的农民工数量、农民工工资、城市劳动者的工资等数据。

调研数据主要来源于过去 5 年本团队对长三角农民工状况的年度调研数据、上海财经大学千村调研数据，以及今后针对课题在社会保障和福利方面更有针对性的调研安排。同时，将展开对农村部门、劳动保障部门和企业等相关部门的调研，以及对农村、农户、城市劳动力市场的走访调查。

4. 技术路线

本课题采用"理论分析→实证研究→对策建议"的总体技术路线，主要围绕五个核心模块展开，具体研究过程包括：

(1)收集文献资料；

(2)劳动力市场实际调研与数据资料收集；

(3)构建价格扭曲的测度模型，并扩展到动态情况；

(4)利用相关统计和调研数据对价格扭曲的经济溢出及增长影响进行实证分析；

(5)系统模拟价格扭曲变化对中国经济增长和产业部门竞争力的影响；

(6)选择有代表性的区域(如长三角)作为对象，进行典型区域分析；

(7)提出后转移时代适度补偿和可持续发展的方法和政策建议；

(8)举办和参加各种学术交流活动,使本项目的研究成果得到展示,并促进本项目研究的深入和完善；

(9)将本项目的研究成果运用于实践,为相关机构和部门提供咨询和服务；

(10)结题。

本项目拟采取的技术路线如图12—1所示。

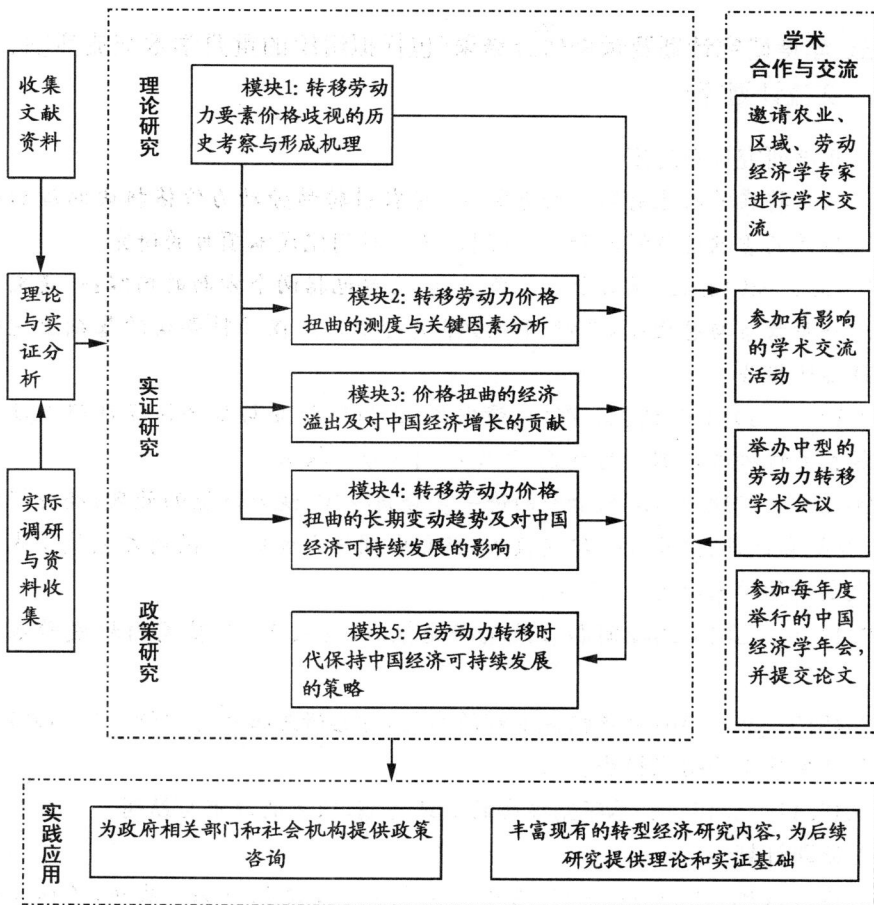

**图 12—1 研究的技术路线**

## 四、本项目的特色与创新之处

本项目的创新之处主要有以下几个方面：

(1)全面考察和量化我国农村转移劳动力的要素价格歧视与扭曲,不仅包括劳动力的工资扭曲,也包括福利、社会保障、择业限制和发展机会等方面的隐性歧视。

(2)对农村转移劳动力要素价格扭曲产生的溢出效应及其对经济发展的贡献进行测度,以此为据分析如何消除劳动力价格扭曲、合理补偿农村和农民,促进经济协调发展。

(3)将农村转移劳动力的要素价格扭曲与人口红利的变化趋势结合起来,分析消除农村劳动力价格扭曲、加快人力资源优势向人力资本优势转型、高效利用"人口机会窗口"、促进经济可持续发展的可行策略和路径。

**五、年度研究计划及预期研究结果**(包括拟组织的重要学术交流活动、国际合作与交流计划等)

1. 年度研究计划进度

本项目将在前人已有研究的基础上,对农村转移劳动力价格扭曲的溢出及其对国民经济的贡献进行深入研究,计划用 3 年时间完成本项目的研究。

2012.6—2012.12:项目前期准备工作,主要包括两个方面的内容:一是文献资料的进一步收集与整理;二是对调研方案进行修订。在资料整理的基础上完成一篇文献综述报告。

2013.1—2013.6:到农村部门、涉农工业部门、就业与社会保障部门以及典型企业等相关机构进行调研与交流,并完成调研分析报告。

2013.7—2014.10:文献资料的进一步分析整理、统计数据的处理;经济模型的构建、分析和试算;撰写专题研究报告,提交中期研究成果;在国内外相关学术期刊上发表高质量学术论文 3~5 篇。

2014.11—2015.8:撰写和修改总研究报告,发表 1~2 篇国内权威学术期刊论文。

2015.9—2015.10:听取权威专家的意见,对总研究报告作出进一步的修改,撰写并提交决策咨询研究报告。

2015.11—2015.12:总研究报告的最终定稿,项目的评审与结题。

2. 调研计划

本团队依托的×××大学长三角区域农民工状况社会调查基地,已建立针对长三角和其他典型地区关于农民工问题的专业调研队伍,从 2005 年开始,深入车站、工厂、社区持续进行了 5 年的专业调研。从本课题准备阶段开始,将进一步扩大调研范围和针对性,每年组织一次关于农民工的专项调研,直到课题结束。调研预计在每年 6 月到 9 月进行,预计每年周期为 3 个月,完成年度调研报告。

3. 预期研究成果

(1)完成系列研究报告和年度调研报告。

（2）在国内外学术刊物发表高质量论文6～7篇，其中包括在国际 SSCI、SCI、EI 核心检索源期刊上发表1～2篇论文。

研究模块（1），计划发表1～2篇论文；

研究模块（2），计划发表1～2篇论文；

研究模块（3），计划发表1～2篇论文；

研究模块（4），计划发表1～2篇论文；

研究模块（5），计划发表1～2篇论文。

（3）研究专著1本，书名暂定为"要素歧视、经济溢出与可持续发展研究"。

（4）培养博士生1～2名、研究生3～4名，使其掌握学术研究的方法，并致力于劳动力转移和经济转型方面的前沿研究。

（5）为政策制定机构等相关部门提供咨询和服务，也可为其他相关研究者提供研究参考，对研究结果进行检验。

## 六、研究基础与工作条件

（一）研究基础（与本项目相关的研究工作积累和已取得的研究工作成绩）

1. 前期积累和资料准备

（1）项目组负责人在攻读博士期间，重点研究了农村人力资本投资与区域经济协调发展问题，并探索了教育扶贫的政策及路径问题，在进入现单位后，一直从事农村经济和区域经济方面的教学和科研工作，并主要致力于人力资本投资及其经济溢出的问题，深感农村转移劳动力价格扭曲研究的重要性。

（2）项目组前期也注意收集整理一部分相关统计资料、前人的研究文献和调研报告。资料主要包括以下几个方面：发展经济学国内外文献、人力资本理论文献、劳动力及福利经济学理论文献、相关的统计年鉴及关于城乡人口流动和就业近十年来的统计资料，为本项目的研究打下了良好基础。

（3）项目组主要成员都具有博士或硕士学位，其所学专业涉及农村经济、区域经济、劳动经济等专业，在知识结构上具有良好的互补性。在以前的研究过程中，课题组主要成员已经形成了紧密的合作关系。

（4）项目组与有关机构和相关部门保持着密切的合作关系，并参与了一些农民工包括新生代农民工的人力资本投资、融入城市等方面的调研和决策咨询服务，对农民工的情况相对比较熟悉。

2. 已取得的研究工作成绩

项目组负责人及主要成员已主持过多项与本课题相关的国家级、省部级课题，其中包括在《经济研究》《中国农村经济》《经济学季刊》《教育研究》《农业技术经济》及 *China Agricultural Economic Review*（SSCI）、*Economics of Education Review*

(SSCI)等权威杂志和核心期刊上发表了高质量学术论文 20 余篇，出版相关专著 4 本，获得省部级奖励 5 项，涉及农民工转移、人力资本投资与经济溢出、规模经济、区域可持续发展等方面，具有扎实的经济学理论功底和丰富的实际研究经验。

(二)工作条件(包括已具备的实验条件、尚缺少的实验条件和拟解决的途径。拟解决的途径包括利用国家实验室、国家重点实验室和部门开放实验室等研究基地的计划与落实情况)

(1)项目申请人所在的×××大学是国家"211 工程"建设的重点大学，在国内经济学界具有较高的影响。近年来承担了一大批国家级和省部级科研项目，学术研究氛围浓厚，在国内学术界处于领先地位，并有一定的国际影响力。×××大学拥有先进的网络数据库检索系统、丰富翔实的图书文献资料、功能齐全的综合实验设备和软件以及良好的对外联络交流条件，订阅了大量国内外著名的期刊，这些优良的平台为学术研究和创新的开展提供了有力的软硬件支撑。

(2)课题组所依托的××研究所是×××大学专门研究中国社会经济发展中重大经济问题的研究机构，学术研究软硬件先进。研究所建立了长三角"三农"数据系统模拟实验室，拥有我国较为详细的农村经济发展统计数据库。该实验室安装了可专门进行农业经济分析的统计与计量分析软件，如基于可计算一般均衡(CGE)的一般均衡分析软件 GEMPACK 和 GTAP 全球数据库，可以进行大容量、高质量的数据采集和处理工作，开展比较精确的经济分析与预测，能够为系统模拟、情景分析和政策选择提供所需要的研究工具和技术。

(3)课题组成员以×××大学××研究所的教师为主，还有一些在读博士研究生和硕士研究生共同组成。课题组主要成员每年都能保证 6 个月的工作时间，项目负责人保证每年 10 个月的工作时间。

(三)申请人简介(包括申请人的学历和研究工作简历，近期已发表与本项目有关的主要论著目录和获得学术奖励的情况。论著目录要求详细列出所有作者、论著题目、期刊名或出版社名、年、卷(期)、起止页码等；奖励情况也须详细列出全部受奖人员、奖励名称等级、授奖年等)

1.项目负责人：×××副研究员 博士生导师

个人简介(应包含本项目中承担的任务)：

2007 年 1 月在×××大学获得经济学博士学位，2007 年 7 月至今在×××大学××研究所工作，任所长助理职务。2010 年 9 月—2011 年 2 月到加拿大多伦多大学经济学院担任访问学者，2011 年 7 月获聘副研究员，2012 年 1 月，破格晋升为博士生导师。主要从事农村人力资本投资、劳动力流动及区域协调发展研究。在本项目中，主要承担研究方案设计、模型设计、总研究报告撰写与专题研究报告统稿、决策咨询研究报告撰写等任务。

大学开始受教育经历：

1996—2000 年,×××大学,统计系,本科、经济学学士学位;

2001—2003 年,×××大学,经济管理学院,硕士、经济学硕士学位;

2004—2007 年,×××大学,××研究所,博士、经济学博士学位。

研究工作经历：

2007 年 9 月—2011 年 6 月,×××大学××研究所,助理研究员;

2010 年 9 月—2011 年 2 月,加拿大多伦多大学经济学院担任访问学者;

2011 年 6 月至今,×××大学××研究所,副研究员。

发表论文(略)

学术奖励(略)

出版专著(略)

2.主要参与人情况(一)

×××研究员　博士生导师

×××大学××研究所教授,博士生导师。一直致力于农村与农业经济研究,承担了多项国家级和省部级课题,并在国内权威期刊《经济研究》和其他学术期刊上发表多篇论文,且 2010 年荣获教育部"新世纪优秀人才"和××市"曙光学者"称号。在本项目中承担任务为专题研究报告撰写。

大学开始受教育经历(略)

研究工作经历(略)

发表论文(略)

主持项目(略)

3.主要参与人情况(二)

×××讲师

×××大学××学院讲师,×××大学××研究所农业经济管理专业在读博士生,长期从事农村家庭微观理论及建模的研究。在本项目中承担任务为模型构建与测算。

大学开始受教育经历(略)

研究工作经历(略)

发表论文(略)

主持项目(略)

(四)承担科研项目情况(申请人正在承担或参加科研项目的情况,包括自然科学基金的项目。要注明项目的名称和编号、经费来源、起止年月、与本项目的关系及负责的内容等)

(1)×××主持,××市社科规划项目,就业难的社会经济影响评价与政策调整研究(2009BJY004),2009 年 7 月—2012 年 9 月,与本课题研究的内容直接相关,对劳动力市场进行了相关研究,为本课题奠定了一定基础。

(2)×××主持,国家社科基金 2011 年重大项目,"城乡统筹发展背景下户籍制度改革与城镇化问题研究"(11&ZD037),子课题"劳动力转移视角下的城乡资源配置研究",与本课题研究的内容有一定的关联性,主要涉及劳动力转移对城乡经济发展的影响方面。

(3)×××主持,农村劳动力流动背景下的城乡家庭时间要素配置研究——基于职业异质的视角,教育部 2012 哲学社会科学规划项目,相关研究方法与本项目直接相关。

(五)完成自然科学基金项目情况[对申请人负责的前一个已结题科学基金项目(项目名称及批准号)完成情况、后续研究进展及与本申请项目的关系加以详细说明。另附该已结题项目研究工作总结摘要(限 500 字)和相关成果的详细目录]

本人尚未主持过国家自然科学基金项目。

**七、经费申请说明**(要求购置 5 万元以上固定资产及设备等,须逐项说明与项目研究的直接相关性及必要性)

本项目无须购买 5 万元以上固定资产与设备,经费申请中没有需要特别说明的项目。

**八、其他附件清单**(附件材料复印后随纸质申请书一并提交)

随纸质申请书一同报送的附件清单,如:不具有高级专业技术职务、同时也不具有博士学位的申请人应提供的推荐信;在职研究生申请项目的导师同意函等。在导师的同意函中,需要说明申请项目与学位论文的关系,承担项目后的工作时间和条件保证等。

# 附 录

## 中华人民共和国国家标准

UDC 001.81
GB 7713－87

# 科学技术报告、学位论文和学术论文的编写格式

Presentation of Scientific and Technical Reports,
Dissertations and Scientific Papers

1 引言

1.1 制定本标准的目的是为了统一科学技术报告、学位论文和学术论文（以下简称报告、论文）的撰写和编辑的格式，便利信息系统的收集、存储、处理、加工、检索、利用、交流、传播。

1.2 本标准适用于报告、论文的编写格式，包括形式构成和题录著录，及其撰写、编辑、印刷、出版等。

本标准所指报告、论文可以是手稿，包括手抄本和打字本及其复制品；也可以是印刷本，包括发表在期刊或会议录上的论文及其预印本、抽印本和变异本；作为书中一部分或独立成书的专著；缩微复制品和其他形式。

1.3 本标准全部或部分适用于其他科技文件，如年报、便览、备忘录等，也适用于技术档案。

2 定义

2.1 科学技术报告

科学技术报告是描述一项科学技术研究的结果或进展或一项技术研制试验和评价的结果；或是论述某项科学技术问题的现状和发展的文件。

科学技术报告是为了呈送科学技术工作主管机构或科学基金会等组织或主持研究的人等。科学技术报告中一般应该提供系统的或按工作进程的充分信息，可以包括正反两方面的结果和经验，以便有关人员和读者判断和评价，以及对报告中的结论和建议提出修正意见。

2.2 学位论文

学位论文是表明作者从事科学研究取得创造性的结果或有了新的见解，并以此为内容撰写而成，作为提出申请授予相应的学位时评审用的学术论文。

学士论文应能表明作者确已较好地掌握了本门学科的基础理论、专门知识和基本技能，并具有从事科学研究工作或担负专门技术工作的初步能力。

硕士论文应能表明作者确已在本门学科上掌握了坚实的基础理论和系统的专门知识，并对所研究课题有新的见解，有从事科学研究工作或独立担负专门技术工作的能力。

博士论文应能表明作者确已在本门学科上掌握了坚实宽广的基础理论和系统深入的专门知识，并具有独立从事科学研究工作的能力，在科学或专门技术上做出了创造性的成果。

2.3 学术论文

学术论文是某一学术课题在实验性、理论性或观测性上具有新的科学研究成果或创新见解和知识的科学记录；或是某种已知原理应用于实际中取得新进展的科学总结，用以提供学术会议上宣读、交流或讨论；或在学术刊物上发表；或作其他用途的书面文件。

学术论文应提供新的科技信息，其内容应有所发现、有所发明、有所创造、有所前进，而不是重复、模仿、抄袭前人的工作。

3 编写要求

报告、论文的中文稿必须用白色稿纸单面缮写或打字；外文稿必须用打字。可以用不褪色的复制本。

报告、论文宜用 A4(210mm×297mm)标准大小的白纸，应便于阅读、复制和拍摄缩微制品。

报告、论文在书写、打字或印刷时，要求纸的四周留足空白边缘，以便装订、复制和读者批注。每一面的上方(天头)和左侧(订口)应分别留边 25mm 以上，下方(地脚)和右侧(切口)应分别留边 20mm 以上。

4 编写格式

4.1 报告、论文章、条的编号参照国家标准 GB1.1《标准化工作导则标准编写的基本规定》第 8 章"标准条文的编排"的有关规定，采用阿拉伯数字分级编号。

4.2 报告、论文的构成

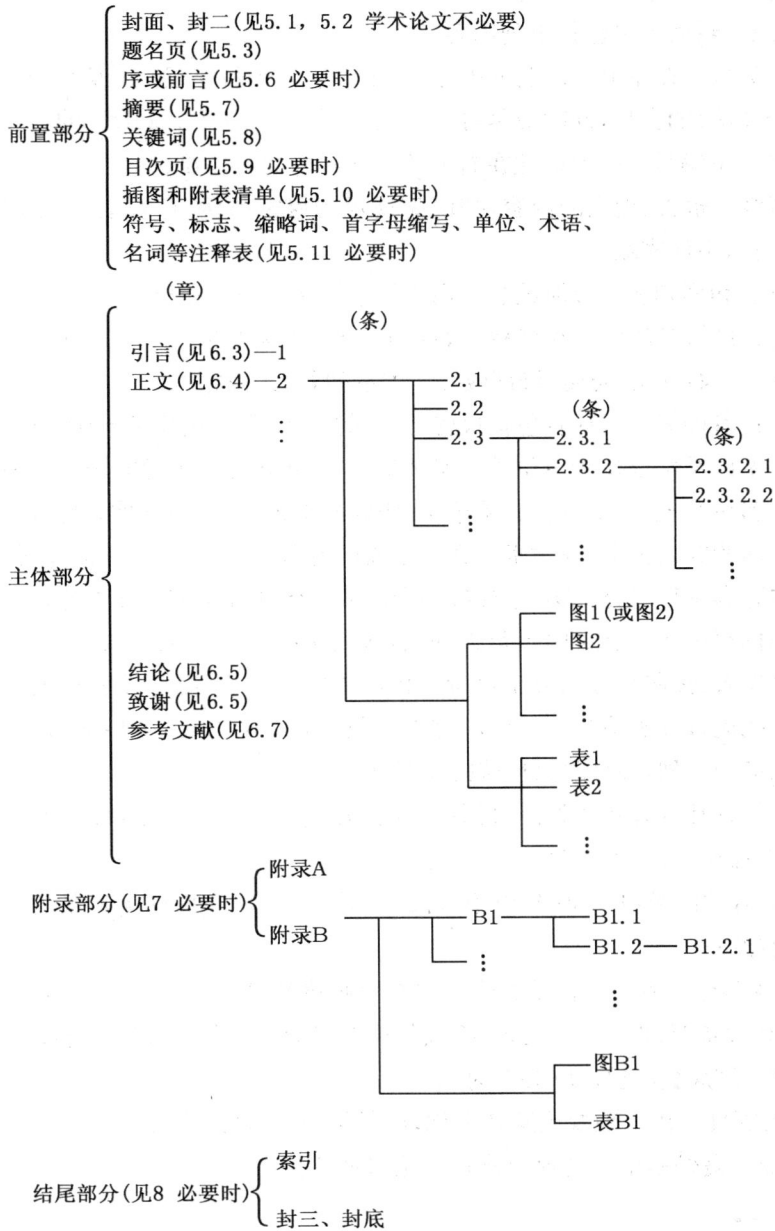

前置部分 {
　封面、封二(见5.1，5.2 学术论文不必要)
　题名页(见5.3)
　序或前言(见5.6 必要时)
　摘要(见5.7)
　关键词(见5.8)
　目次页(见5.9 必要时)
　插图和附表清单(见5.10 必要时)
　符号、标志、缩略词、首字母缩写、单位、术语、
　名词等注释表(见5.11 必要时)
}

(章)
　　　　　　　　　　(条)
主体部分 {
　引言(见6.3)—1
　正文(见6.4)—2 —— 2.1
　　　　　　　　　— 2.2　　　(条)
　　　　⋮　　　　— 2.3 —— 2.3.1　　　(条)
　　　　　　　　　　　　　— 2.3.2 —— 2.3.2.1
　　　　　　　　　　　　　　⋮　　　　— 2.3.2.2
　　　　　　　　　　　　　　　　　　　　⋮

　　　　　　　　　　　　　图1(或图2)
　　　　　　　　　　　　　图2
　　　　　　　　　　　　　⋮
　结论(见6.5)
　致谢(见6.5)
　参考文献(见6.7)　　　表1
　　　　　　　　　　　　　表2
　　　　　　　　　　　　　⋮
}

附录部分(见7 必要时) {
　附录A
　附录B —— B1 —— B1.1
　　　　　— B1.2 —— B1.2.1
　　　　⋮
　　　　　　　⋮
　　　　　　　图B1
　　　　　　　表B1
}

结尾部分(见8 必要时) {
　索引
　封三、封底
}

## 5　前置部分

### 5.1　封面

5.1.1　封面是报告、论文的外表面,提供应有的信息,并起保护作用。

封面不是必不可少的。学术论文如作为期刊、书或其他出版物的一部分,无需封面；如作为预印本、抽印本等单行本时，可以有封面。

5.1.2 封面上可包括下列内容：

a.分类号 在左上角注明分类号，便于信息交换和处理。一般应注明《中国图书资料分类法》的类号，同时应尽可能注明《国际十进分类法 UDC》的类号。

b.本单位编号 一般标注在右上角。学术论文无必要。

c.密级 报告、论文的内容，按国家规定的保密条例，在右上角注明密级。如系公开发行，不注密级。

d.题名和副题名或分册题名 用大号字标注于明显地位。

e.卷、分册、篇的序号和名称 如系全一册，无需此项。

f.版本 如草案、初稿、修订版等。如系初版，无需此项。

g.责任者姓名 责任者包括报告、论文的作者、学位论文的导师、评阅人、答辩委员会主席以及学位授予单位等。必要时可注明个人责任者的职务、职称、学位、所在单位名称及地址；如责任者系单位、团体或小组，应写明全称和地址。

在封面和题名页上，或学术论文的正文前署名的个人作者，只限于那些对于选定研究课题和制订研究方案、直接参加全部或主要部分研究工作并作出主要贡献，以及参加撰写论文并能对内容负责的人，按其贡献大小排列名次。至于参加部分工作的合作者、按研究计划分工负责具体小项的工作者、某一项测试的承担者，以及接受委托进行分析检验和观察的辅助人员等，均不列入。这些人可以作为参加工作的人员——列入致谢部分，或排于脚注。

如责任者姓名有必要附注汉语拼音时，必须遵照国家规定，即姓在名前，名连成一词，不加连字符，不缩写。

h. 申请学位级别 应按《中华人民共和国学位条例暂行实施办法》所规定的名称进行标注。

i.专业名称 系指学位论文作者主修专业的名称。

j.工作完成日期 包括报告、论文提交日期，学位论文的答辩日期，学位的授予日期，出版部门收到日期（必要时）。

k. 出版项 出版地及出版者名称，出版年、月、日（必要时）。

5.1.3 报告和论文的封面格式参见附录 A。

5.2 封二

报告的封二可标注送发方式，包括免费赠送或价购，以及送发单位和个人；版权规定；其他应注明事项。

5.3 题名页

题名页是对报告、论文进行著录的依据。

学术论文无需题名页。

题名页置于封二和衬页之后,成为另页的右页。

报告、论文如分装两册以上,每一分册均应各有其题名页。在题名页上注明分册名称和序号。

题名页除 5.1 规定封面应有的内容并取得一致外,还应包括下列各项:单位名称和地址,在封面上未列出的责任者职务、职称、学位、单位名称和地址,参加部分工作的合作者姓名。

### 5.4　变异本

报告、论文有时适应某种需要,除正式的全文正本以外,要求有某种变异本,如节本、摘录本、为送请评审用的详细摘要本、为摘取所需内容的改写本等。

变异本的封面上必须标明"节本、摘录本或改写本"字样,其余应注明项目,参见 5.1 的规定执行。

### 5.5　题名

5.5.1　题名是以最恰当、最简明的词语反映报告、论文中最重要的特定内容的逻辑组合。

题名所用每一词语必须考虑到有助于选定关键词和编制题录、索引等二次文献可以提供检索的特定实用信息。

题名应该避免使用不常见的缩略词、首字母缩写字、字符、代号和公式等。

题名一般不宜超过 20 字。

报告、论文用作国际交流,应有外文(多用英文)题名。外文题名一般不宜超过 10 个实词。

5.5.2　下列情况可以有副题名:

题名语意未尽,用副题名补充说明报告、论文中的特定内容;

报告、论文分册出版,或是一系列工作分几篇报道,或是分阶段的研究结果,各用不同副题名区别其特定内容;

其他有必要用副题名作为引申或说明者。

5.5.3　题名在整本报告、论文中不同地方出现时,应完全相同,但眉题可以节略。

### 5.6　序或前言

序并非必要。报告、论文的序,一般是作者或他人对本篇基本特征的简介,如说明研究工作缘起、背景、主旨、目的、意义、编写体例,以及资助、支持、协作经过等;也可以评述和对相关问题研究阐发。这些内容也可以在正文引言中说明。

### 5.7　摘要

5.7.1　摘要是报告、论文的内容不加注释和评论的简短陈述。

5.7.2　报告、论文一般均应有摘要,为了国际交流,还应有外文(多用英文)

摘要。

5.7.3  摘要应具有独立性和自含性,即不阅读报告、论文的全文,就能获得必要的信息。摘要中有数据、有结论,是一篇完整的短文,可以独立使用,可以引用,也可以用于工艺推广。摘要的内容应包含与报告、论文同等量的主要信息,供读者确定有无必要阅读全文,也供文摘等二次文献采用。摘要一般应说明研究工作目的、实验方法、结果和最终结论等,而重点是结果和结论。

5.7.4  中文摘要一般不宜超过 200～300 字;外文摘要不宜超过 250 个实词。如遇特殊需要,字数可以略多。

5.7.5  除了实在无变通办法可用以外,摘要中不用图、表、化学结构式、非公知公用的符号和术语。

5.7.6  报告、论文的摘要可以用另页置于题名页之后,学术论文的摘要一般置于题名和作者之后、正文之前。

5.7.7  学位论文为了评审、学术论文为了参加学术会议,可按要求写成变异本式的摘要,不受字数规定的限制。

5.8  关键词

关键词是为了文献标引工作从报告、论文中选取出来用以表示全文主题内容信息款目的单词或术语。

每篇报告、论文选取 3～8 个词作为关键词,以显著的字符另起一行,排在摘要的左下方。如有可能,尽量用《汉语主题词表》等词表提供的规范词。

为了国际交流,应标注与中文对应的英文关键词。

5.9  目次页

长篇报告、论文可以有目次页,短文无需目次页。

目次页由报告、论文的篇、章、条、附录、题录等的序号、名称和页码组成,另页排在序之后。

整套报告、论文分卷编制时,每一分卷均应有全部报告、论文内容的目次页。

5.10  插图和附表清单

报告、论文中如图表较多,可以分别列出清单置于目次页之后。

图的清单应有序号、图题和页码。表的清单应有序号、表题和页码。

5.11  符号、标志、缩略词、首字母缩写、计量单位、名词、术语等的注释表

符号、标志、缩略词、首字母缩写、计量单位、名词、术语等的注释说明汇集表,应置于图表清单之后。

6  主体部分

6.1  格式

主体部分的编写格式可由作者自定,但一般由引言(或绪论)开始,以结论或讨

论结束。

主体部分必须由另页右页开始。每一篇(或部分)必须另页起。如报告、论文印成书刊等出版物,则按书刊编排格式的规定。

全部报告、论文的每一章、条的格式和版面安排,要求划一,层次清楚。

6.2　序号

6.2.1　如报告、论文在一个总题下装为两卷(或分册)以上,或分为两篇(或部分)以上,各卷或篇应有序号。可以写成:第一卷、第二分册;第一篇、第二部分等。用外文撰写的报告、论文,其卷(分册)和篇(部分)的序号,用罗马数字编码。

6.2.2　报告、论文中的图、表、附注、参考文献、公式、算式等,一律用阿拉伯数字分别依序连续编排序号。序号可以就全篇报告、论文统一按出现先后顺序编码,对长篇报告、论文也可以分章依序编码。其标注形式应便于互相区别,可以分别为:图 1、图 2.1;表 2、表 3.2;附注 1);文献〔4〕;式(5)、式(3.5)等。

6.2.3　报告、论文一律用阿拉伯数字连续编页码。页码由书写、打字或印刷的首页开始,作为第 1 页,并为右页另页。封面、封二、封三和封底不编入页码。可以将题名页、序、目次页等前置部分单独编排页码。页码必须标注在每页的相同位置,便于识别。

力求不出空白页,如有,仍应以右页作为单页页码。

如在一个总题下装成两册以上,应连续编页码。如各册有其副题名,则可分别独立编页码。

6.2.4　报告、论文的附录依序用大写正体 A,B,C…编序号,如:附录 A。

附录中的图、表、式、参考文献等另行编序号,与正文分开,也一律用阿拉伯数字编码,但在数码前冠以附录序码,如:图 A1;表 B2;式(B3);文献(A5)等。

6.3　引言(或绪论)

引言(或绪论)简要说明研究工作的目的、范围、相关领域的前人工作和知识空白、理论基础和分析、研究设想、研究方法和实验设计、预期结果和意义等。引言应言简意赅,不要与摘要雷同,不要成为摘要的注释。一般教科书中有的知识,在引言中不必赘述。

比较短的论文可以只用小段文字起引言的效用。

学位论文为了需要反映出作者确已掌握了坚实的基础理论和系统的专门知识,具有开阔的科学视野,对研究方案作了充分论证,因此,有关历史回顾和前人工作的综合评述,以及理论分析等,可以单独成章,用足够的文字叙述。

6.4　正文

报告、论文的正文是核心部分,占主要篇幅,可以包括调查对象、实验和观测方法、仪器设备、材料原料、实验和观测结果、计算方法和编程原理、数据资料、经过加工整理的图表、形成的论点和导出的结论等。

由于研究工作涉及的学科、选题、研究方法、工作进程、结果表达方式等有很大的差异,对正文内容不能作统一的规定。但是,必须实事求是,客观真切,准确完备,合乎逻辑,层次分明,简练可读。

### 6.4.1　图

图包括曲线图、构造图、示意图、图解、框图、流程图、记录图、布置图、地图、照片、图版等。

图应具有"自明性",即只看图、图题和图例,不阅读正文,就可理解图意。

图应编排序号(见 6.2.2)。

每一图应有简短确切的题名,连同图号置于图下。必要时,应将图上的符号、标记、代码,以及实验条件等,用最简练的文字,横排于图题下方,作为图例说明。

曲线图的纵横坐标必须标注"量、标准规定符号、单位"。此三者只有在不必要标明(如无量纲等)的情况下方可省略。坐标上标注的量的符号和缩略词必须与正文中一致。

照片图要求主题和主要显示部分的轮廓鲜明,便于制版。如用放大缩小的复制品,必须清晰,反差适中。照片上应该有表示目的物尺寸的标度。

### 6.4.2　表

表的编排,一般是内容和测试项目由左至右横读,数据依序竖排。表应有自明性。

表应编排序号(见 6.2.2)。

每一表应有简短确切的题名,连同表号置于表上。必要时应将表中的符号、标记、代码,以及需要说明事项,以最简练的文字,横排于表题下,作为表注,也可以附注于表下。

附注序号的编排,见 6.2.2。表内附注的序号宜用小号阿拉伯数字并加圆括号置于被标注对象的右上角,如:×××[1],不宜用星号,以免与数学上共轭和物质转移的符号相混。

表的各栏均应标明"量或测试项目、标准规定符号、单位"。只有在无必要标注的情况下方可省略。表中的缩略词和符号,必须与正文中一致。

表内同一栏的数字必须上下对齐。表内不宜用"同上""同左""〃"和类似词,一律填入具体数字或文字。表内"空白"代表未测或无此项,"－"或"…"(因"－"可能与代表阴性反应相混)代表未发现,"0"代表实测结果确为零。

如数据已绘成曲线图,可不再列表。

### 6.4.3　数学、物理和化学式

正文中的公式、算式或方程式等应编排序号(见 6.2.2),序号标注于该式所在行(当有续行时,应标注于最后一行)的最右边。

较长的式,另行居中横排。如式必须转行时,只能在＋,－,×,÷,<,>处转行。上下式尽可能在等号"＝"处对齐。

示例 1

$$W(N_1) = H_{0,1} + \int_{\tau^{-1}}^{-\tau^{-1}+1} L_a^r e^{-2\pi i a N_1} d_a$$

$$= R(N_0) + \int_{\tau^{-1}}^{-\tau^{-1}+1} L_a^r e^{-2\pi i a N_1} d_a + O(P^{r-n-v}) \tag{1}$$

示例 2

$$f(x,y) = f(0,0) + \frac{1}{1!}\left(x\frac{\partial}{\partial x} + y\frac{\partial}{\partial y}\right)f(0,0)$$

$$+ \frac{1}{2!}\left(x\frac{\partial}{\partial x} + y\frac{\partial}{\partial y}\right)^2 f(0,0) + \cdots$$

$$+ \frac{1}{n!}\left(x\frac{\partial}{\partial x} + y\frac{\partial}{\partial y}\right)^n f(0,0) + \cdots \tag{2}$$

示例 3

$$-\frac{8\mu}{Nz}\frac{\partial}{\partial S}\ln Q = \left[\left(1 + \sum_1^4 z_y\right) - \frac{2\mu}{z}\right]\ln\frac{\theta_a(1-\theta_\beta)}{\theta_\beta(1-\theta_a)}$$

$$+ \ln\frac{\lambda_a}{\lambda_\beta} - z_1\ln\frac{\varepsilon_1}{\xi_1} + \sum z_v\ln\frac{\varepsilon_v}{\xi_v}$$

$$= 0 \tag{3}$$

小数点用"·"表示。大于 999 的整数和多于三位数的小数,一律用半个阿拉伯数字符的小间隔分开,不用千位撇。对于纯小数应将 0 列于小数点之前。

示例:应该写成 94 652.023 567;0.314 325

不应写成 94,652.023,567;.314,325

应注意区别各种字符,如:拉丁文、希腊文、俄文、德文花体、草体;罗马数字和阿拉伯数字;字符的正斜体、黑白体、大小写、上下角标(特别是多层次,如"三踏步")、上下偏差等。

示例:I,l,1,i;C,c;K,k,$\kappa$;O,0,o,°;S,s,5;Z,z,2;B,$\beta$;W,w,$\omega$

6.4.4　计量单位

报告、论文必须采用 1984 年 2 月 27 日国务院发布的《中华人民共和国法定计量单位》,并遵照《中华人民共和国法定计量单位使用方法》执行。使用各种量、单位和符号,必须遵循附录 B 所列国家标准的规定执行。单位名称和符号的书写方式一律采用国际通用符号。

6.4.5　符号和缩略词

符号和缩略词应遵照国家标准(见附录 B)的有关规定执行。如无标准可循，可采纳本学科或本专业的权威性机构或学术团体所公布的规定；也可以采用全国自然科学名词审定委员会编印的各学科词汇的用词。如不得不引用某些不是公知公用的，且又不易为同行读者所理解的，或系作者自定的符号、记号、缩略词、首字母缩写字等时，均应在第一次出现时——加以说明，给以明确的定义。

### 6.5　结论

报告、论文的结论是最终的、总体的结论，不是正文中各段的小结的简单重复。结论应该准确、完整、明确、精练。

如果不可能导出应有的结论，也可以没有结论而进行必要的讨论。

可以在结论或讨论中提出建议、研究设想、仪器设备改进意见、尚待解决的问题等。

### 6.6　致谢

可以在正文后对下列方面致谢：

国家科学基金、资助研究工作的奖学金基金、合同单位、资助或支持的企业、组织或个人；

协助完成研究工作和提供便利条件的组织或个人；

在研究工作中提出建议和提供帮助的人；

给予转载和引用权的资料、图片、文献、研究思想和设想的所有者；

其他应感谢的组织或个人。

### 6.7　参考文献

按照 GB7714－87《文后参考文献著录规则》的规定执行。

### 7　附录

附录是作为报告、论文主体的补充项目，并不是必需的。

7.1　下列内容可以作为附录编于报告、论文后，也可以另编成册。

a. 为了整篇报告、论文材料的完整，但编入正文又有损于编排的条理和逻辑性，这一类材料包括比正文更为详尽的信息、研究方法和技术更深入的叙述、建议可以阅读的参考文献题录、对了解正文内容有用的补充信息等；

b. 由于篇幅过大或取材于复制品而不便于编入正文的材料；

c. 不便于编入正文的罕见珍贵资料；

d. 对一般读者并非必要阅读，但对本专业同行有参考价值的资料；

e. 某些重要的原始数据、数学推导、计算程序、框图、结构图、注释、统计表、计算机打印输出件等。

7.2　附录与正文连续编页码。每一附录的各种序号的编排见 4.2 和 6.2.4。

7.3　每一附录均另页起。如报告、论文分装几册，凡属于某一册的附录应置于该册正文之后。

8　结尾部分(必要时)

为了将报告、论文迅速存储入电子计算机,可以提供有关的输入数据。

可以编排分类索引、著者索引、关键词索引等。

封三和封底(包括版权页)。

附录　A

封面示例

(参考件)

附录　B

相关标准

(补充件)

B.1　GB 1434—78　物理量符号。

B.2　GB 3100—82　国际单位制及其应用。

B.3　GB 3101—82　有关量、单位和符号的一般原则。

B.4　GB3102.1—82　空间和时间的量和单位。

B.5　GB 3102.2—82　周期及其有关现象的量和单位。

B.6　GB 3102.3—82　力学的量和单位。

B.7　GB 3102.4—82　热学的量和单位。

B.8　GB 3102.5—82　电学和磁学的量和单位。

B.9　GB 3102.6—82　光及有关电磁辐射的量和单位。

B.10　GB 3102.7—82　声学的量和单位。

B.11　GB 3102.8—82　物理化学和分子物理学的量和单位。

B.12　GB 3102.9—82　原子物理学和核物理学的量和单位。

B.13　GB 3102.10—82　核反应和电离辐射的量和单位。

B.14　GB 3102.11—82　物理科学和技术中使用的数学符号。

B.15　GB 3102.12—82　无量纲参数。

B.16　GB 3102.13—82　固体物理学的量和单位。

附加说明:

本标准由全国文献工作标准化技术委员会提出。

本标准由全国文献工作标准化技术委员会第七分委员会负责起草。

本标准主要起草人谭丙煜。

# 参考文献

1. 艾尔·巴比. 社会研究方法[M]. 邱泽奇,译. 北京:华夏出版社,2009.

2. 安德鲁·弗里德兰德,卡罗尔·弗尔特. 如何写好科研项目申请书[M]. 郑如青,译. 北京:北京大学出版社,2010.

3. D. 安德森. 认知心理学及其启示[M]. 秦裕林等,译. 北京:人民邮电出版社,2012.

4. 杜金沛,邢祖礼. 实证经济学与规范经济学:科学标准的辨析[J]. 财经研究,2005,31(12):41—53.

5. M. 弗里德曼. 弗里德曼文萃[M]. 胡雪峰,武玉宁,译. 北京:北京经济学院出版社,1991.

6. D. 格林沃尔德. 经济学百科全书[M]. 李滔,译. 北京:中国社会科学出版社,1992.

7. 吉纳·威斯科. 研究生论文写作技巧[M]. 王欣双等,译. 大连:东北财经大学出版社,2012.

8. 李子奈. 计量经济学模型方法论的若干问题[J]. 经济学动态,2007(10):22—30.

9. 刘阳,李政. 经济学研究"轻思想重技术"倾向须扭转——"经济学论文的思想性与技术性的关系"学术研讨会综述[N]. 光明日报,2013—09—04.

10. 刘耀国. 政策咨询报告的文体特征和语用要求[J]. 广播电视大学学报(哲学社会科学版),2004(1):47—51.

11. 马克·布劳格等. 经济学方法论的新趋势[M]. 张大保等,译. 北京:经济科学出版社,2000.

12. 马克·布劳格. 经济学方法论[M]. 石士钧,译. 北京:商务印书馆,1992.

13. 孙亚玲,傅淳. 哈佛参考文献注释体系与学术规范——Harvard System 简介[J]. 学术探索,2003(8):82—84.

14. 唐·埃思里奇. 应用经济学研究方法论[M]. 朱刚,译. 北京:经济科学出版社,1998.

15. 田国强. 现代经济学的基本分析框架与研究方法[J]. 经济研究,2005(2):113—125.

16. 韦恩·C. 布斯等. 研究是一门艺术[M]. 陈美霞等, 译. 北京: 新华出版社, 2009.

17. 谢拉·C. 道. 经济学方法论[M]. 杨培雷, 译. 上海: 上海财经大学出版社, 2005.

18. 约翰·内维尔·凯恩斯. 政治经济学的范围与方法[M]. 秦裕林等, 译. 北京: 华夏出版社, 2001.

19. 杨雪等. 科技论文不同署名作者的贡献及责任[J]. 昆明学院学报, 2011, 33 (6): 113—116.

20. 张英丽. 学术职业伦理: 内涵、本质及特征[J]. 江苏高教, 2012(1): 30—32.

21. 张五常. 经济学方法论[J]. 社会科学战线, 2002(4): 206—214.

22. 赵蒙成, 张玲. 论量化研究中缺失数据的处理方法[J]. 教育测量与评价: 理论版, 2012(7): 4—9.

23. Christiano, L. J., Eichenbaum, MS. and Trabandt, M., 2018, "On DSGE models", *Journal of Economic Perspectives*, 32, 113—140.

24. Cozzarelli, N. R., 2004, "Responsible authorship of papers in PNAS", *PNAS*, 101 (29): 10495.

25. Del Negro, M., Giannone, D., Giannoni, MP. and Tambalotti, A., 2017, "Safety, liquidity, and the natural rate of interest", *Brookings Papers on Economic Activity*, 235—316.

26. Farmer, R. E. A., Khramov, V. and Nicolò, G., 2015, "Solving and estimating indeterminate DSGE models", *Journal of Economic Dynamics & Control*, 54, 17—36.

27. Gilchrist, D., Emery, T., Garoupa, N. and Spruk, R., 2023, "Synthetic control method: A tool for comparative case studies in economic history", *Journal of Economic Surveys*, 37, 409-445.

28. Graham, W., 1926, *The Act of Thought*, Harcourt, Brace & Company, New York.

29. Johnson, G. L., 1986, *Research Methodology for Economists: Philosophy and Practice*, New York: Macmillan Publishing Co.

30. Klamer, A., 1984, *The New Classical Macroeconomis: Conversations with New Classical Economists and Their Opponents*, Brighton: Whearsheaf Books.

31. OECD, 1996, *The Knowledge-based Economy*, OCDE/GD(96), 102, Paris.